アメリカも批准できないＴＰＰ協定の内容は、こうだった！

TPP11対応 増補版

ＴＰＰ11阻止のための緊急提言の増補にあたって

本書はもともと、環太平洋パートナーシップ協定、いわゆるＴＰＰ協定の危険性を訴えるために山田正彦元農林水産大臣が必死の思いで書き上げたものです。

ＴＰＰの恐ろしさは国の主権を侵害し、学校、水道、医療などの公有事業も民営化されてしまい国民の基本的な生活すら脅かされる可能性が極めて高いことにあります。また、国内の農業を守るための関税も外され、農家は破滅的な状態に追い込まれてしまうでしょう。そうなれば食料は輸入に頼らざるを得なくなり、私たちは遺伝子組換え作物や添加物満載の食料品を口にするしかなくなります。さらに、日米で交わされた附属書が発動すれば、国民皆保険もなくなり、クスリも高額になってしまうでしょう。もちろん貧富の差も今以上に拡大します。

ＴＰＰ協定が発効すれば、日本人は確実に不幸になることが目に見えていたために、山田元大臣はＴＰＰ反対、自由貿易反対の声を上げ続けたのです。

幸いにしてＴＰＰ協定はアメリカが批准せず、途中で頓挫してしまいました。

私たちはこれで安心だと胸を撫で下ろしていたのですが、ＴＰＰ推進派の執念には凄まじいものがあり、２０１７年11月にアメリカ抜きの11カ国による協定ＴＰＰ11として復活したのです。そして、今年２０１８年３月、ＴＰＰ11は南米チリにおいて11カ国による署名式が行われ、早ければ年内にも発効するのではないか、という声も聞こえてきました。

驚いたことにＴＰＰ11を積極的に進めたのは日本政府でした。ＴＰＰ協定によって最も打撃を受けるのは日本なのに、その日本が率先して、この協定をまとめていったのです。

山田元大臣は、こういった一連の動きについて今年２月のブログの中で以下のように、その心情を吐露しています。


『ＴＰＰがゾンビの如く蘇ってきた。

ＴＰＰ11が３月８日チリで署名が行われることに。

大変な話なので最後迄読み拡散して頂けませんか。

先程、署名迄秘密とされていたＴＰＰ11の内容をＮＺ政府が公表した。

このＴＰＰ11の協定書はＴＰＰ協定30章（８０００ページ）に６ページが上書きされたもので、これからＴＰＰ分析チームで検討する予定。

これ迄の情報では、日本にとってはＴＰＰ本体を発効させるよりも不利益を被むるのは明らかに。

ＴＰＰ11はバイオ製剤等の特許期間の創設等22の項目を凍結、カナダには特別の自動車の輸入等の措置を日本が認めて合意した。

日本にとっては、ことに農産物は深刻な影響を受けることに。

ＴＰＰでは米国の枠も入れて農産物の関税を減免して行くものだが、ＴＰＰ11では、その枠分まで豪国、ＮＺに全て与えることに。

既に米国からの豚肉の輸入は急増しているのに。

このままでは、37・6％に急落した自給率がさらに落ち込むことになるだろう。

今回日本だけは何の凍結項目も要求もしなかったと非難されると、政府はその為に見直しの条項を特別に入れたと説明する。

しかし、内閣官房の黒田氏は見直しも各国の同意がなければならないと答弁する。一旦緩めた、関税を高くする国などないことは誰が考えてもわかるだろう。

影響試算についても、政府は「対策を措置するので１５００億円に止まる」と予測しているが、対策前の影響試算は出せないと説明する。

しかも対策の具体案は一切説明しない。

ＴＰＰ11で政府は農産物の価格が下がることは認めるが、生産量と農家の所得には影響はなく、日本の食料自給率も下がることはないと説明する。

何故なら、価格が下がることで、農産物の生産性向上効果が現れるからだと。

農家は今でも平均時間給１８０円足らず、それでは子供に後を継がせられないと。

これ以上コストを下げては輸入物との競走は無理なのに。

誰が考えても、日本の農業は大変なことになる。

それだけではない。ＩＳＤ条項は残されている。

かつて安倍自民党が総選挙の公約で、国の主権が損なわれると反対した条項だ。これ迄も日本政府は訴えられたことはないから大丈夫だと胸を張る。

しかし韓国も米韓ＦＴＡ締結前に同じように説明、２ヶ月後には政府の許可が2か月後れたとして米国のローンスター社から約５５００億円の損害賠償を求められている。

内閣官房の黒田氏も、「日本も将来は訴えられるかどうかは分からない」と言い直すことに。

条約は一旦締結したら、それに従って国内法を全て改廃しなければならない。

政府は6月までに、特別委員会も設けずにＴＰＰの批准を終えると述べている。

さー大変だ。』

そして、山田元大臣は本書編集部に「どんな形でもいいから一刻も早く、ＴＰＰ11について出したい。国民のみんなはＴＰＰ11の恐ろしさをまだわかっていないんだ」と訴えたのです。

山田大元臣のこの意を受けてＴＰＰ11阻止のための緊急提言は『アメリカも批准できないＴＰＰ協定の内容は、こうだった！』に増補されて出版される運びとなりました。出版までの作業の時間はわずか数週間。分析チームも小出しにされるＴＰＰ11の情報を急ピッチで検討、解析し、ＴＰＰ推進派の意図を読み取ろうと奮闘してくれました。その中で、見えてきたのは、ＴＰＰ11はＴＰＰ12よりもはるかに危険なものだったという事実でした。

すべての分析はまだ終わっていませんが、いまわかる危険度、いまそこにあるＴＰＰ11の危機について山田元大臣の声をどうか聞いてください！


『アメリカも批准できないＴＰＰ協定の内容は、こうだった！』編集部

〈山田正彦元農林水産大臣緊急インタビュー　2018年3月29日〉

――今年2月に山田先生がブログで「TPPがゾンビの如く蘇ってきた。3月8日にはチリで署名が行われることに。大変な話なので最後迄読み拡散して頂けませんか」と書かれていましたが。

山田　読んでいただいたか、ありがとう（笑）。だけどな、TPPの交渉はいつものように署名までは秘密という原則で日本政府は絶対に公開してこなかったんだな。それをニュージーランド政府が2月21日に協定文を公開したのに合わせて日本政府も英文の協定文を公開し、翌日暫定仮訳を出してきたんだ。ブログはその時に書いたものなんだけど、TPP11の協定文というのはわずか6ページで、本当に重要な部分は各国間で交わされるサイドレターのほうなんだな。それが出たのが3月8日の署名式の翌日の3月9日だよ。だから、いま分析チームは急ピッチで内容を検討中なんだが、いかんせん時間がない。

――日本政府は4月からの国会で審議して6月には国会承認を目指しているようですけど、これって国民がよくわからないうちにTPPを通してしまえと感じられて仕方ないんですが。

山田　たぶん、そうだろうな。前のTPP（TPP12）と同じで、各国の凍結事項を認めただけで日本にとってはＴＰＰ12の時よりも深刻な影響を受けることになるのに、ＴＰＰ11では特別委員会も設けようとしないんだからな。政府はなんとしても、そしていち早くＴＰＰ11を承認し、発効したいんだよ。

――先生、ＴＰＰ11はＴＰＰ12と比べてどう違うんですか？　凍結事項があるから安全になったという論調がいまマスコミで流れていますけど、本当なんでしょうか？

山田　いや、安全にはなっていないな。このＴＰＰ11というのは、さっき言ったようにＴＰＰ12の８０００ページの協定文に６ページの上書きがなされたもので、これに各国間で交わされたサイドレターで構成されているんだけれど、日本にとってはＴＰＰ12となにも変わっていない、と考えていいんだよ。実際、ＴＰＰ12でアメリカに譲歩した輸入拡大枠も変わっていないな。

――つまり、ＴＰＰ11では「ＴＰＰ12で決まった輸入枠には手をつけてはいけない」という取り決めがあったんですね。

山田　いや、そんなものはないんだ。日本以外の各国はみんなやってるんだよ。

――えっ⁉　それはどういうことですか？　日本が国内企業を守ろうと思ったら輸入枠を縮小したり、輸出枠を拡大するはずじゃないですか？　なぜ、それをしないんですか？　そもそも、それをしないと交渉と言えないんじゃないですか？

山田　そうだよな。交渉というのは相手がこれだけの輸入枠をくれと言ってきたら、代わりにこっちもこれこれの輸出枠を寄こせとやるもんだよ。あるいは、ある作物に関税をかけると言われたら、それならこちらも自動車に関税をかけるといって対抗するのが普通だよ。ところが、日本はそういう通常行われる交渉を全くしなかったんだよ。

——そんな…。各国の言いなりになったということですか？

山田　言いなりじゃない。日本政府は積極的にやらなかったんだ。彼らは「報復はしない」なんて格好のいいことを言ってるけど、彼らがやったのは日本の国民のことなど一切考えない譲歩に次ぐ譲歩だったんだよ。それに、私が本当に腹が立つのは、ＴＰＰ11というのはもともと各国は嫌がっていたんだよ。それを、日本政府が積極的に「ＴＰＰ12の時よりも日本はこれだけ多く輸入するから承認してくれ」とやって各国の合意を取りまとめたことなんだ。

——えっ、じゃあ、日本は大筋合意を取りまとめるために、各国に輸入枠をくれてやったということですか⁉

山田　そういうことだよ。日本はアメリカのためにＴＰＰ12で譲歩していた輸入枠をカナダやニュージーランドなどに与えてやって各国の同意を取り付けたんだ。日本はどうしてもＴＰＰ協定を結びたかったんだよ。じゃあ、なぜ、そこまでして日本政府はＴＰＰ協定を結びたかったのか？　という疑問が湧くよな。それを理解するためにはＴＰＰ11がどういう協定なのかを知る必要があるんだ。

――マスコミなどで言われているのは、TPP11は凍結事項が22項目作られたことでTPP反対派が主張していたISD条項などがほとんど機能しなくなった、安全になったということなんですが、そうなんでしょうか？

山田　まったくそうじゃない。政府は22ヶ所を凍結（P34～35を参照）したので安全だと言っているけれども、あくまでアメリカが戻ってくるまでの間の凍結で削除されたわけじゃない（4月12日、トランプ大統領は有利な条件であればTPP復帰の可能性を探ると発言）。ISD条項の凍結は、日本にとってあまり関係ないんだよ。

――先日、先生からいただいた資料によると、「TPP11においてISD条項が適用されるのは『投資財産』だけに限定された。政府と投資家の間の『投資に関する合意』と『投資の許可』については適用されない」となっているんですが、要は政府と投資家間の『投資に関する合意』と『投資の許可』の凍結は日本にとって意味がないと。

山田　そもそもISD条項は政府と投資家の契約に関する条項で、多国籍企業が日本の市場に参入してトラブルが生じた場合、どのような分野でも日本の裁判所ではなく、ワシントンD.C.にある世界銀行の国際投資紛争解決センターで多国籍企業の代理人、弁護人3人で調停されるという取り決めなんだね。詳しくは本文を読んでもらえばわかると思うけど。そういう中で、「投資に関する合意」というのは「政府と投資家間の投資に関する合意」ということになる。じゃあ、日本政府と外国人投資家の契約というのがどういう場合が考えられるかな？

――公共投資、インフラ関係の契約ですか？

山田　いや、いまは下水道は地方公共団体の管轄だし、道路にしても独立行政法人でやっているから政府じゃないんだ。年金の運用もＧＰＩＦ（年金積立金管理運用独立行政法人）でやってるし、野菜や畜産に関しての価格安定制度はａｌｉｃ（農畜産業振興機構）が統括しているからやっぱり政府じゃない。だから、政府と外国人投資家との契約というのは日本では考えられないんだよ。

――凍結する意味がもともとないんですね。

山田　政府と外国投資家との契約は、基本的には、資源開発（天然ガスや鉱物資源など）や工業団地開発などに関するもので、ほとんどの場合、発展途上国政府が先進国の投資家との間で締結するので、日本にとってはほとんど意味がない。そもそも国有事業（公有事業）に関する契約をＩＳＤ条項から外してくれという要望はＴＰＰ12の頃から各国ともあってマレーシアあたりは200ぐらい例外を訴えていたんだけど、今回、そのほとんどが認められる結果となったから、彼らにとっては非常に有効な凍結だろうけど、日本にはあまり関係ない。本当は、日本だって国有事業である地方公共団体が持つ水道事業、公立学校事業などは例外や留保にすべきものだったんだけど、日本政府はＴＰＰ12の頃から求めていないないしな。だから、今回のＩＳＤ条項の凍結は日本にはほとんど意味がない、というのが分析チーム及びＴＰＰ違憲訴訟弁護団で検討した結論なんだ。

――もうひとつの『投資の許可』の凍結」も意味がないんですか？

山田　「投資の許可」というのは例えば、放送法の中に外資の株式取得を制限している法律があるよね。ああいったものを指しているんだけど、ＴＰＰ11では、それがＩＳＤ条項による訴訟範囲から除外された。

――ＴＰＰ12では、それが許可されていたことのほうが改めて恐ろしいですね。

山田　メディアが外国人投資家に乗っ取られるわけだからね。ただし、いま安倍政権は放送法の改正で、政治的公平性を求める第４条の撤廃を狙っているけれど、もしかしたら、外資規制も一緒に外してしまうかもしれないね。そうなれば、堂々と外資がテレビ局や新聞社を支配することができるようになる。もっとも現実的にはテレビ局なんかにはとっくに外資がかなり入っているんだけどな。

――ほとんどの局が30％近く、ある局なんか50％以上外資が入っているみたいですね。ともかく、『投資の許可』の凍結」もあまり意味がないことだと思っていいんですね。

山田　逆に怖いのは「ＩＳＤ条項が適用されるのは『投資財産』だけに限定された」というこ

とのほうなんだ。『『投資財産』だけに限定」というと一瞬、安全になったと思うかもしれないけど、ＩＳＤ条項の「投資財産」の概念はかなり広い。例えば、外国人投資家との〝契約そのもの〟も「投資財産」に含まれているんだね。

――「外国人との契約」っていうのは、例えばインターネットを使って海外サイトで買い物しただけでもってことですか？

山田　契約だからそうなるね。だから、〝契約そのもの〟が「投資財産」というのはちょっと怖いよな。例えば、東京都が海外の産業廃棄物の会社と契約したと想定してみようか。もしも、この会社が操業中に有害物質を出してしまって、住民から苦情が出たとするね。当然、東京都は改善命令を出すんだけれども、産業廃棄物企業のほうは最初の契約通りの基準値を守っていて設備投資も行っていれば改善する必要はないわけだ。だけど、住民はその有害物質によって身体を壊したとして海外の産廃企業を訴えることになる。日本の裁判所が住民の訴えを認めれば、今度は企業側が日本政府に対してＩＳＤ条項を使って莫大な賠償請求を求めることができるんだよ。また、有害物質が出たことを受けてあとから都や国が条例や法律を作って規制すると、間接収用だといって、これもＩＳＤ条項の対象となって、外国企業は投資受入国を訴えることができる。

――企業は契約通りにやってさえいれば、アクシデントや予期せぬ事情で有害物質が出てしまってもなんのお咎めもないんですね。それどころか、操業を無理に止めようとすると逆に訴えられると。

山田　そうなるな。企業も投資受入国も有害なものが出ると思っていなかったら、契約の中になかなか入れないよな。しかし、出てきてしまって、国が規制をかけるとなったらＩＳＤ条項で訴えられて何千億円と賠償金を取られる可能性だってある。

――例えば、契約をする時点で、有害物質が出た場合とか、ゴミ処理、下水処理はこうしてくれと細かい部分を詰めておけば大丈夫なんですか？

山田　事細かにやっていても、思ってもいないような、地面の下から大変なゴミが出てきたり、あるいは契約通りの新しい設備でやったものがかえって臭いがひどくなってしまったということだってあるからな。だから、ＴＰＰが入ってくるとちょっとした契約書でも数百ページに膨れ上がる可能性もある。日本もアメリカのように訴訟社会になるだろうね。

――契約ですべてを網羅するなんて無理なんですね。

山田　いまのＩＳＤ条項だと契約書一本で投資家になってしまうし、実際に全然着手していなくてもＩＳＤ条項で訴えることだってできるんだから、契約書でなんとかするというのは現実的に難しいだろうね。

――そういえば、本書の中にもそんな事例が載ってますね、第７章２９６～２９７ページに契約しただけで何もしなかった企業を国が訴えたら、ＩＳＤ条項を使われて最終的には国が負けてしまった例が。

山田　ＩＳＤ条項にはA節とB節とがあってA節には保護される投資とはどういうものかが書かれていて、いわゆる内国民待遇（外国企業も投資受入国の国民と同様の待遇が受けられる）に反したり、公正公平でないとなったら、やっぱりＩＳＤ条項で訴えることができるからね。「投資に関する合意」「投資の許可」に関しても契約内容に沿ったものであれば、投資受入国の国内法に則ることができるけど、A節の内国民待遇、公正公平、最恵国待遇の原則に反した場合はやっぱりＩＳＤ条項で訴えることができるんだな。この部分はなにも手が付けられていなくてＴＰＰ12のままなんだよ。ＩＳＤ条項はとてもわかりにくくて、なおかつ恐ろしいので、もう一度本文をよく読んでほしいな。

――ともかく、凍結した部分でもいくらでも抜け穴があるんですね。

山田　ザル法だよな。そう断定していいと思う。分析チームの三雲崇正弁護士も「投資を受ける国と投資家の間に遵守すべき義務が広汎であり、必ずしも基準として明確でない、義務規範の認定が恣意的にされる余地がある」と言っているからね。だから、ＩＳＤ条項に関する懸念は基本的にはなにも変わっていない。

――ということは、メディアが書いているＩＳＤ条項は凍結されて安心だというのはまったく安心ではないと。

山田　というのが分析チームとＴＰＰ違憲訴訟弁護団の見解だな。ＩＳＤ条項の凍結は凍結とはいえない。日本にとってはほとんど意味がない。

◉知的財産の変更

――知的財産権についてはどうですか？　ＴＰＰ11では知財についての変更があったようですが、ＴＰＰ12で50年から70年になった特許期間がＴＰＰ11では凍結されたんですね。

山田　そうなんだ。ただし、今回、ＴＰＰ11と一緒に関連法案10本（Ｐ33を参照）が国会で審議されることになっているけれど、その中には日本だけがＴＰＰ12の通り、70年の保護期間を用意している。それにバイオ新薬の保護期間の増設、特許の調整期間の新設についても関連法案の特許法ではまったく凍結事項が反映されていないんだよ。これによって医薬品はさらに高くなるだろうね。

――せっかく凍結したのに自分から外すようなことを…。

山田　信じられないだろ。あと、国民生活に直結してる部分で言えば、非親告罪か、親告罪かの部分だと私は思っているんだな。非親告罪というのは被害者の告訴がなくても公訴できる犯罪のことで、それは本文にも書いてある。

――違反したら警察は被害者からの告訴なしで逮捕できるのが非親告罪だったと記憶してます。

山田 実際にＴＰＰ協定が発効されていないから、そんな事態にはまだならないんだけど、ＴＰＰが発効されたら、著作権の侵害は非親告罪になるんだよ。だから、いまインターネットで多くの人が新聞や雑誌の記事や写真を勝手にシェアしてるよね。ＴＰＰが発効されたら、そういった行為はすべて、ＴＰＰ違反となるので警察、検察が逮捕しようと思えばいつでも逮捕できるようになるんだな。私も危なくなるな。フフフ。

――そんな…（苦笑）、たぶん、それをやられると反権力、反政府的な活動がかなり萎縮しますよね。新聞・雑誌の記事や他人のブログの文章などの引用ができなくなるので。例えば、普段は著作権に関してなにも言わないけれど、「こいつは最近政権批判を始めて邪魔だな」と誰かが判断したら、告訴なしで即逮捕できる。

山田 そうだね。怖いのはごく普通のサラリーマンだって対象に入ることだな。例えば、会社で資料をコピーして配布することがよく行われるけど、これだって電磁的な一時記録だから、厳密に言えば、著作権違反に当たるんだね。しかも、損害賠償の金額が凄く高くなるんだよ。これまでの日本の法体系では慰謝料の金額を実損額で査定していたんだけど、著作権の侵害ってどのくらいの損害があったのかって計算しずらいよね。だから、アメリカの場合なんかは填補賠償金原則にしてしまっていて、最初からこういう場合はいくら、この場合はいくらって金額を決めているんだな。しかも、その金額の設定は懲罰的機能を有しているんで数千万とか数億になったりするんだよ。

——2度とできない、あるいは怖くてできないように高額にするんですね。

山田 だから、アメリカでは、その法律を使ったパテント・パトロールという訴訟ビジネスまでできているからね。TPPが入ってきたら、日本もそういう社会になるんだよ。

——パテント・パトロール？ パテントに抵触した一般人を見つけて、いきなり訴えるビジネスですか⁉

山田 それがアメリカの実社会なんだ。

——今回アメリカは入っていませんが、カナダやベトナムなんかが日本に対してパテント・パトロールができるってことなんですね。

山田 それどころか、アメリカだってできるんだよ。なぜなら、アメリカの会社だって日本モンサントみたいなものを持ってるんだから、子会社を通じて訴えればいい。TPPを入れたらどこの国からも狙われるだろうね。

——それは逆に日本もできるってことですか？

山田 だから、そこなんだ、今回のTPP11の大きな問題は。日本政府はTPPをどうしてもやりたいし、ＩＳＤ条項も残したいんだよ。

◉なぜ日本だけがＩＳＤ条項を死守したいのか？

山田　ＴＰＰ11で日本がＩＳＤ条項を残そうとしているのは日本の企業が望んでいるからなんだな。日本政府はいま企業の要望を受けて、ＩＳＤ条項を一生懸命残そうとしている。じゃあ、政府はＩＳＤ条項の危険性を理解していないのかというと、そうではない。なにしろ、いまの与党自民党は、民主党政権の時にはＩＳＤ条項は国の主権を損なうから絶対反対だって訴えて２０１２年の選挙で勝ったんだからね。ところが、いまは「大丈夫だ、日本政府がＩＳＤ条項で訴えられたことはない」という説明を国民にしだしたからね。我々が「韓国も米韓ＦＴＡを結んで２ヶ月後に米ローンスター社から５５００億円の損害賠償を求められただろ」と反論すると「日本も将来訴えられる、かどうかはわからない」と言い直したけどな。

――本当にひどい話ですね。

山田　彼らは本気になって考えてないんだ。しかし、このＩＳＤについては朗報もある。ロバート・ライトハイザー米国通商代表がＮＡＦＴＡの交渉の中で「ＩＳＤは要らない」と言っているんだな。トランプ大統領も大統領選の時からずっとＩＳＤは要らないと言ってるし、いまアメリカ政府は「NAFTAにおいてISDを使うか、それぞれの国内法でやるか、選択性にする」と言っているんだ。その案にカナダもメキシコも賛成しているから、いまNAFTAではISD条項は事実上停止されて、これからの紛争はすべて国内法でやることになっているんだよ。さらに、EUでもISD条項は絶対反対で、ベトナムとの自由貿易協定（EVEFTA）やカナダとの自由貿易協定（CETA）ではISD条項はなくなっている。EUは新たな投資紛争解決手段として投資裁判制度（ICS）を作って紛争解決することを主張しているんだね。

——投資裁判制度ICS？

山田　ICSとはISDのように紛争が起きるたびに仲裁法廷が開かれるのではなく、常設の投資裁判所が設置されて、判決に不服がある場合は控訴も可能な紛争解決手段なんだな。ISDの場合は裁判所が常設ではないし、控訴もできないからはるかにこっちのほうがまともだよ。裁判官にしても、紛争当事国からそれぞれ裁判官総数の3分の1名ずつ出して、残りの3分の1は第三国から選ばれることになっている。選ばれた裁判官は独立性、公平性が求められ、いかなる政府とも関係を持たず、指名された時点で投資紛争における代理人や当事者のための専門家または証人を辞任しなければならないんだ。だから、ISDの紛争調停時のように多国籍企業の弁護人が裁判官になるなんてことは絶対にないんだよ。

——それは安心ですね。というか、それが普通のことですよね？

山田　もちろんだ。そういう当たり前の流れがいまできていて、世界はいま国際的な紛争については、まともなＩＣＳのほうに向かって進んでいるんだな。アメリカではトランプ大統領や議会がＩＳＤ条項に反対しても、エスタブリッシュメントの多国籍企業の声が強いからなかなか進んでいないけど、いずれはそうなってくるだろうと私は思っている。だから、いま世界でＩＳＤ条項に固執しているのは日本政府と多国籍企業だけなんだよ。

——不思議なのは日本政府がＩＳＤ条項に固執する理由です。日本に何のメリットがあるんですか？

山田　日本にメリットはない。メリットがあるのは日本の多国籍企業家たちで、彼らはマレーシアやベトナムなんかでＩＳＤ条項を使って、自分たちの地位を確保したいという気持ちが強いものだから、こんなことになっているんだな。

——えっ、日本の企業がＩＳＤ条項を使いたいんですか？　現地の国民の健康も安全も知ったこっちゃないみたいなことをしたいんですか？

山田　多国籍企業は株主の利益の最大化を図るためには、法律で許されるものは何でもやるんだ。

——でも、それって結局、強欲につながっていきませんか？

山田　つながるよ。植草一秀さんがいう強欲資本主義の塊だからね。

——はあ〜、ＩＳＤ条項を使って発展途上国で儲けたいというのが日本政府の思惑だったなんて…。

山田　ＩＳＤ条項に関しては、内閣官房の一人が、「日本の企業にとってＩＳＤは、各国に対して日本の権利、利権を守るメリットがあるんだ」っていう言い方をしたな。「各国」のところを発展途上国とはさすがに言わなかったけど。

——なぜＩＳＤ条項に日本政府がこだわるのがずっと不思議だったんですけど、多国籍企業の言いなりになっているだけではないということなんですね。自分たちの欲望もちゃんと乗っかっていたんですね。

山田　乗っかっているだろうね。今回のＴＰＰ11にしたって、オーストラリア、ニュージーランド、マレーシア、チリ、ベトナムがサイドレターを交わして、お互いにＩＳＤ条項は使わないという覚書を締結しているし、カナダとチリとニュージーランドは共同して「ＩＳＤ条項を責任ある形で利用する」という3カ国共同宣言も出しているんだな。だから、ＴＰＰ11にしたって11カ国中6カ国がなんらかの形でＩＳＤ条項にノーを突きつけているわけだよ。

——この輪の中に日本は入っていないんですね。

山田　一切入っていない。日本はどうしてもやりたいんだよ。日本の大企業はＩＳＤ条項を利用したい。なぜなら、日本の大企業はもう多国籍企業だからね。トヨタなんて、売り上げ24兆で農業売り上げの5倍から7倍あるんだからね、一社だけで。電通なんかも売り上げ4兆から5兆だからね。彼らも多国籍企業なんだよ。

――僕らが日本の企業だと思っていた会社はほとんどが多国籍企業化していたんですね。だからこんなことになってるんですね。なぜ、日本政府は日本国民のためにならないことをするのかずっと不思議だったんですけど、よくわかりました。日本政府は日本国民の顔を見て仕事をしているわけではないんですね。

山田　彼らは財界の顔を見て仕事をしているんだろうね。だから、国民の生活はいっこうによくなっていかないんだな。

◉TPP12以上に深刻な打撃を受ける日本の農業

――そういう状況の中でTPP11が発効したら、日本の食料事情はどうなってしまうんでしょうか？

山田　間違いなくTPP12以上に打撃を受ける。これはもうわかっていることなんだ。食料問題については農民運動全国連合会の岡崎衆史さんが調べてくれたんだけど、まず政府はTPP11が農業にどのくらいの影響があるかの試算を出さなかった。TPP阻止市民行動グループで内閣官房や農水省、外務省を呼んで「影響試算をなぜ出さない。各国は出してるのに日本はなぜ出さないんだ」とかなり責めたんだけど、それでも最後まで出さないんだ。TPP11の署名式が終わってやっと「対策を打つので900億から1500億円の被害にとどまります」と言い出したんだ。「じゃあ、その金額の根拠はなんだ?」「その対策は何か?」と聞くと、やっぱり根拠も示さなければ、具体的な対策を何も示さない。

——そんなデタラメな話があるんですか⁉

山田　彼らの言い分は「ともかく対策を打つから、農業生産減少額は900億から1500億円にとどまります」というだけなんだ。しかも、この1500億円という数字だけど、カナダが出した輸出の増額分が1449億円なんだな。この数字はほとんどが農産物からのものを見込んでいるんだ。

——その数字って日本の農業生産減少額1500億円とほぼ一緒じゃないですか⁉

山田　だから、カナダは日本にそれだけ農産物が売れると思っているんだよ。これは僕の本だから書いていいと思うんだけど、去年の10月にスイスのジュネーブでサーニャ・リード・スミスさん(国際連帯組織「サード・ワールド・ネットワーク」リーガル・アドバイザー兼シニア・リサーチャー。)に会った時に、「TPP11はカナダとメキシコが反対するんじゃないか」と言ってたんだ。実際、第1回目の会議でカナダが反対したから「やっぱりそうか」と思ったんだよ。カナダはＮＡＦＴＡのことでアメリカと交渉中だったから、もしもＴＰＰ11を認めたら、ＮＡＦＴＡではアメリカに譲歩させられる可能性があった。だから、ＴＰＰ11をうやむやにしたかったんだよな。ところが急に変わったのは、昨年11月にカナダのジャスティン・トルドー首相が安倍首相と会談してからだよ。この時日本側は、「ＴＰＰ11で日本がアメリカ用に譲歩した輸入枠をカナダにやるよ」と言ってるんだ。それでカナダの態度がガラッと変わったんだな。トルドーとしては１５００億円分も輸出が伸びるわけだからＴＰＰ11はいい話だよ。皮肉なことに、トルドーは会談後に安倍をほめあげているよ。

――日本はＴＰＰ11を批准したいだけで、中身なんかどうでもいい。批准するためなら、なんでもくれてやるってことですか⁉

山田　そうだな。協定文やサイドレターを見てると、そんなふうにしか思えないな。特にカナダが期待してるのは豚肉で、カナダ側は５２４億円の対日輸出増になると計算しているんだ。いままで豚肉はアメリカとカナダから入れていたけど、アメリカが抜けたから、「その分どうぞ、うちはどこの国が入ってきてもらっても結構なんで」とカナダにあげてしまったんだ。もともと、豚肉を輸出できる地域っていうのはアメリカとカナダ、あとはメキシコに一部あるぐらいで、アメリカが抜ければほとんどカナダのものになるんだよ。あと牛肉もそうだね。アメリカが抜けたあとにカナダが入ってくる。金額で言うと＋３１０億円分で、パーセンテージで言うと94・5％の伸びになるとカナダ政府は計算している。牛肉はもともとオーストラリアからの輸入量が多かったんだけど、アメリカが抜けたからやはり輸出増。オーストラリアも牛肉の輸出が倍になると試算している。こうして考えるとオーストラリアとかカナダとか、いままで日本がＦＴＡを本当に結びたくなくてずっと結んでこなかった国々がＴＰＰ交渉以来結ぶようになって、いま大変なことになってるんだよ。それなのに、影響試算が１５００億円の減少なんてことはありえないだろう。しかも、いまのは食肉の話だけで、野菜などの14品目の関税だって撤廃されたり、下げられるたりするけど、やはり政府は影響ないというんだな。日本の食料自給率も変わらないと、はっきり言ってるんだ。そんな話があると思うか？　東大の鈴木宣弘教授の研究室の試算では、野菜だけで９９２億円の損失が出るといっているんだ。影響が出ないなんて絶対にありえないだろう。

――政府はなぜ変わらないというんですか？

山田　価格競争の結果、生産性向上効果が発揮されると言うんだな。海外から安い農産物が入ってくれば、「いま以上に合理化してコスト削減するので所得を上げることができるんだ」っていう理屈なんだよ。

――自由競争になれば農家の人たちもやっと本気を出して稼ぎ出すだろうってことですか⁉　先生の本を読めばわかりますが、いま日本の農業ってとことん厳しい経営状態じゃないですか。

山田　みんな赤字だよ。事実上の平均時間給180円だよ。それでどうやってコストの削減をするんだ！　それは日本だけじゃない。アメリカも含めて先進国の農業は人件費が高いからどこの国も赤字なんだ。じゃあ、アメリカがなぜ安い農産物を日本に出荷できるのかというと、所得補償や貿易補助金を出しているからだよ。東大の鈴木教授の話によれば、アメリカで米を作る場合、60キロ1万2000円ぐらいかかる。それを日本には4000円で売ってくるんだ。差額の8000円は全部、国の補助だよ。それが先進国の農業で、そうやって自国の農業を守り、その一方で価格を抑えて他国に売ってるわけだ。ところが、日本では補助金もなければ、所得補償も今年から廃止して、農家を丸裸にした上で頑張って世界で戦ってこいとやってるんだよ。これで価格競争によって生産向上効果が出るなんて、誰が考えてもおかしい！

――手足を縛られて戦ってこいっていってるようなものですね。

山田　ホント、そうだよ。あとは乳業も影響を受けるね。たぶん、一番影響を受けるんじゃないかな。ニュージーランドにはフォンテラという大きな国有事業のような会社があって、そこが乳製品を入れてくる。これは本文のほうにも書いてあると思うけど、TPP12ではアメリカのために乳製品7万トンの特別枠が設定されていたんだね。この枠をニュージーランドが手に入れたんだ。で、この7万トンだけど、数字だけを見ればそれほど多くないとみんな思うだろう。ところが、日本の酪農家にとってニュージーランドからの7万トンは50万トンの生乳が送られてきたことと一緒なんだよ。

――7万トンが50万トンと一緒⁉　どういうことですか？

山田　それはチーズやバターの乳製品を7万トン作るには、生乳つまり牛乳50万トンが必要とされるからなんだ。バター、チーズというのは牛乳を加工して作るんだけど、もともと牛乳には水が多く含まれているんだよ。だから、生産者にしてみれば7万トンの乳製品が海外から入ってくるってことは、50万トンの牛乳が入ってくるのと一緒で、その分の国内の牛乳が行き先をなくしてしまう。ということは、酪農家はほとんどやっていけなくなるんだよ。

――50万トンの牛乳ってどのくらいの感覚なんですか？

山田　いま牛乳の生産量が737万トン、北海道で約400万トンか。ということはこのうちの50万トンが行先がなくなると考えてもらっていいだろうね。

――北海道の年間生産量の8分の1の行き先がなくなると。

山田　それだけじゃないからな。TPP12では、アメリカとはハードチーズの輸入は関税ゼロにして輸入するってことになっていたけど、日本はEUとの自由貿易協定でハードチーズに加えてソフトチーズまで関税ゼロにするって認めているからね。

――チーズはほぼ全面開放なんですね。

山田　そう言っていいだろうね。それでも「乳製品が安くなるから消費者にとってはいいだろう」という言い方を政府はするけれど、ニュージーランドから入ってくる乳製品は成長ホルモン入りの牛乳から作られているからね。決して安全な食品とは言えないんだよ。

――結局、食品の問題は添加物や遺伝子組み換え作物の問題もありましたね。

山田　それに関しても政府はなんの対策もしていない。TPP11では42品目の農産物に、5品目の畜産物、2品目の林産物に、12品目の水産物が対象になっているけど、さっきも言ったようにどういう対策をとっているのか、一切明かさないんだ。だから、食に関しては農家の保護も食の安全性も食料自給率についても何一つ考慮されていない。TPP12で決まったことをそのままにして、アメリカの抜けた分を他国に振り分けただけだということだね。しかも、日本政府はアメリカとのFTAで、TPP12以上に譲歩させられているんだ。去年1年だけで豚肉は25%増えているんだよ、アメリカからの輸入量が。TPPからアメリカが抜けてもずっと入れ続けているんだよ、日本は。そんな中で、アメリカはさらに、最近スーパー301条をちらつかせて、日本の鉄鋼に25%関税をかけると圧力をかけてきている。政府はそれは困るから、じゃあ、どこを犠牲にするかというと、「農産物を入れろ。農産物のアメリカからの輸入を倍増しろ」となる。そうなったら日本の農業は鉄鉱やアルミの犠牲になって壊滅的打撃を受けることになる。いずれ、日本の消費者はアメリカからの遺伝子組み換えの大豆やトウモロコシ、ニュージーランドからの成長ホルモン入りの牛乳、乳製品ばかりを食べることになるんだよ。

すけど。

――悪夢ですね。以前、先生は自給率が14％になるんじゃないかとおっしゃってたと思うんで

山田　TPP11が発動したら食料自給率は14％に落ちる可能性が本当にある。だけど、食料自給率14％なんて国は世界のどこにもないよ。いまの38％だって本当はありえない数字なんだからね。ここまで来ると国益に反することなんだよ。日本は本当に独立国なのか、という話にまでなってくるよ。日本にはいま関税自主権ってものがないに等しいからね。本当ならば、トランプが鉄鋼で関税自主権を主張してきたら、日本だって農産物の関税自主権を主張すればいいんだよ。アメリカがそういうんだったら農産物に25％の関税をかけてこっちも入れませんよと言えばいい、中国のように。メキシコだって、アメリカからいままで関税ゼロだったものに関税をかけると言われたら「それならば大豆はアメリカから買わずにブラジルから買う」といって応酬している。日本だけがなにもしないでアメリカに言われるがままなんだ。

――かつて明治政府は江戸時代に結んだ日米修好通商条約で領事裁判権と関税自主権を取り戻すのにもの凄く苦労したのに、いままた、TPPで関税自主権を手放そうとしているんですね。

山田　関税自主権を取り戻すのに、日本は日露戦争で勝つまで40年かかったからね。それをまた元に戻そうとしてるんだね。だから、トランプ大統領が言った「国内の労働者や国民の生活を守ることが先で、大企業や富裕層の利益を考えることはない」って言葉は本当なんだよ。そ

のために関税をかけて、雇用を確保する。関税自主権で国内産業を守るんだよ。これが独立国なんだよ。

——いま日本は独立国ではなくなろうとしていたんですね。

山田　誰のための政治なのか、誰のための条約なのかだよ。日本政府はいま誰のために働いているのか。そこを我々は冷静に見定めないと日本は本当に明治時代に戻ってしまうよ。本当に、いまの状況を見てると、日本政府は多国籍企業の手先だと言われても仕方ないだろう。

——どうしたらいいんですか？　まずは今国会のＴＰＰ11の承認に反対するためにやるべきことと、６月以降からやっていくべきこととしては？

山田　いますぐにやるべきことはＴＰＰ11がみんな安心だと思っているから、それは大きな誤解だと広めることが最初だね。それにはこの本を使ってもいいし、簡単なリーフレットをＴＰＰ対策チームでも作ったからそれを使ってもいい。

——それを見てＴＰＰ11反対の声をあげてほしいと。

山田　そうだね。ＴＰＰ11の学習会や集会を各地でやるから、それに参加してほしいんだな。そうやって種子法廃止撤回運動も盛り上がってきたからね。それに種子法廃止もＴＰＰの一環なんだ。ＴＰＰ違憲訴訟の東京地裁の判決でも「種子法廃止はＴＰＰ協定が背景にあることは否定できない」って出たからね。種子法の詳しい話は、これも近く私の種子に関する本が出ることになってるからそちらを見てほしいな。

――6月以降はどうしたらいいですか？

山田　たとえ、ＴＰＰ11が国会承認されても反対運動は続けていけばいい。条約なんてものは脱退すれば、いいわけだから、我々が絶対に諦めなければ最後には勝てるはずだよ。ともかく、いま日本は本当に危険な状態にあることを、一人でも多くの人に伝えて反対の声を挙げてほしいんだ。

◉環太平洋パートナーシップ協定の締結に伴う関係法律の整備に関する法律の一部を改正する法律案による主な改正内容

TPP整備法の現状

整備対象となる11本の法律のうち

GI法の改正　：施行済
他10本の法律の改正　：未施行（施行期日は環太平洋パートナーシップ協定（TPP12協定）の発効日）

主な改正内容

●TPP整備法のうち、現状未施行となっている以下の10本の法律の改正規定について、施行期日を環太平洋パートナーシップに関する包括的及び先進的な協定（TPP11協定）の発効日に改正する（TPP整備法附則第1条）

① 関税暫定措置法（※1）
② 経済上の連携に関する日本国とオーストラリアとの間の協定に基づく申告原産品に係る情報の提供等に関する法律
③ 著作権法（※2）
④ 特許法（※2）
⑤ 商標法
⑥ 医薬品、医療機器等の品質、有効性及び安全性の確保等に関する法律
⑦ 私的独占の禁止及び公正取引の確保に関する法律
⑧ 畜産物の価格安定に関する法律
⑨ 砂糖及びでん粉の価格調整に関する法律
⑩ 独立行政法人農畜産業振興機構法

※1　牛肉の関税緊急措置の廃止に係る規定の施行期日は、TPP12協定の発効日のままとする（TPP11協定の発効時点では当該措置は存続）
※2　TPP11協定上の凍結項目（「著作権物等の保護期間の延長」「技術的保護手段」「衛星・ケーブル信号の保護」及び「審査遅延に基づく特許権の存続期間の延長」）を含む

*なお、TPP12協定を引用した箇所については、TPP11協定に対応できるよう規定を整備する。

章	凍結される条項	内容（概要）
税関当局及び貿易円滑化	急送少額貨物	「通常の状況において自国の法令で定める額と等しい価額又はこれを下回る価額の急送貨物に関し、いかなる関税も課されないことを定める」との規定に続く、「各締約国は、当該額について、関連すると認める要素、例えば、インフレーション率、貿易円滑化に及ぼす影響、危険度に応じた管理手法に及ぼす影響、税の徴収に係る行政上の経費と税額との比較、国境を越える貿易取引の費用、中小企業に及ぼす影響その他の関税の徴収に関係する要素を考慮して、定期的に検討する」の部分が凍結された。もともと該当条文は、少額の急送貨物に対する関税免除を規定するが、基準となる金額を定めていないことから、各国が異なる基準を設定・維持することにより低価格・少量の取引が阻害されると米国は主張していた。凍結の結果、このことに関する定期的な見直しが避けられることになった。
投資	ISD	投資許可の段階で発生した国・企業の紛争解決手続きの一部
越境サービス貿易	急送便附属書	1、郵便独占の対象とされたサービス提供者が、独占的な郵便サービスから生ずる収入を用いて当該提供者自身又は競合する他の提供者による急送便サービスに補助を行うことを認めてはならないとの規定が凍結された。また注にてベトナムについての義務を協定発効から3年間適用しないとした規定も凍結された。 2、郵便独占の対象とされたサービス提供者が、第9・4条（内国民待遇）、第10・3条（内国民待遇）又は第10・5条（市場アクセス）の規定に基づく自国の義務に反する態様で自国の領域において自己の独占的地位を濫用して活動しないという規定が凍結された。
金融サービス	金融サービス 最低基準待遇 関連規定	金融分野の投資財産保護をめぐる、金融サービス事業者と国との紛争解決規定の一部
電気通信	電気通信 紛争解決	電気通信に関する紛争の解決には、各国政府による外国投資企業への過剰な規制を抑止する仕組みとともに、紛争時の手続きが定められている。このうち「再検討：電気通信規制機関の決定により、法的利益に悪影響を受けた企業が、当該電気通信規制機関等に対して、当該決定の再検討のため、申立て・請求が行える」規定が凍結された。これは米国型FTAの規定であり途上国側がリスク回避のために凍結を求めたと思われる。
政府調達	政府調達 （参加条件）	政府の物品・サービス調達時の労働者の権利保護の促進に関する規定
	政府調達 （追加的交渉）	政府調達の外資開放拡大に向けた再交渉時期の規定
環境	保存及び貿易	野生動植物の違法捕獲、取引を抑止する規定の一部
透明性及び腐敗行為の防止	医薬品・医療機器に関する透明性	医薬品・医療機器の保険適用手続きの公正な実施に関する規定
投資	サービス・投資章・留保表「石炭産業」（ブルネイ）	石炭産業への投資規制を見直す手続きの「経過措置起算日」について、TPP12協定では、この項目の約束（経過措置）の起算日がTPP12の署名日（2016年2月4日）とされていたため、これをTPP11の署名日（2018年3月8日）へと修正する。
国有企業	国有企業章・留保表（マレーシア）	国営石油会社への優遇を段階的に制限する手続きの「経過措置起算日」について、ブルネイ同様、TPP12協定では、この項目の約束（経過措置）の起算日をTPP12協定の起算日からTPP11協定起算日へと修正。

作成：内田聖子（アジア太平洋資料センター共同代表）

◉TPP11で凍結される22項目の概要

章	凍結される条項	内容(概要)
知的財産	知的財産の内国民待遇	知的財産保護で他国の国民を不利に扱わない規定において、著作物、実演及びレコードの知財保護に関して、この章の規定が適用される「知的財産権の使用に影響する事項」として定められた「著作権及び関連する権利に基づく使用に関するあらゆる形態の支払金(利用許諾の手数料、使用料、衡平な報酬、補償金等)を含む」等が凍結
	特許対象事項	1、いわゆる「用途発明」等を特許の対象とすべき旨を定めた条項が凍結された。この規定はTRIPS協定や他の多国間協定にはなく(TRIPS+)、インドなど用途発明等を特許の対象としない国への懸念として米国が求めた規定であった。いわゆる「エバーグリーン(常緑)」を可能とする根拠となる。 2,公序良俗の保護に関係する発明、診断・治療・外科的方法の発明、及び動物等に関係する発明については、概ね、TRIPS協定27条2項及び3項と同内容だが、TRIPS+として導入された植物に由来する発明に特許を付与すべき旨を定めた規定が凍結。
	審理遅延に基づく特許期間延長	締約国が特許の付与において「不合理な遅延」を起こした場合、その遅延の補償のために特許期間を調整する規定(少なくとも締約国の領域にて出願した日から5年またはその出願の審査請求が行われた後3年のうちいずれか遅い方の時を経過した特許の付与の遅延)が凍結された。この規定に基づき日本ではTPP12の関連法案として特許法第67条(存続期間)の改正が提案されたが、TPP11の関連法案としても提案される予定である。
	医療承認審査に基づく特許期間延長	米国は新薬の発売承認までの年数分、「特許期間が侵食されている」としてその年数分の特許期間延長を特許権者に「補償」することを求めてきた。ここでも締約国による「不合理な遅延」の補償として特許期間の調整が規定され、医薬品の高止まりとジェネリック医薬品販売の遅れが懸念されたが、本条項は凍結された。
	開示されていない試験データその他のデータの保護	新規医薬品の販売承認を得るために必要な試験データ(臨床試験データ等)を、開発医薬品企業が少なくとも5年間独占できることを定めた規定が凍結された。この規定は、TRIPS協定39条3項に対して、より高度で具体的な義務を定めており(TRIPS+)、ジェネリック医薬品の販売承認を実質的に阻む規定として問題視されてきた。
	生物製剤データ保護	TPP12妥結時に最も熾烈に対立した分野。上記(開示されていない試験データその他のデータの保護)で規定された一般的な医薬品のデータ保護と同じく、生物製剤のデータ保護期間を実質8年とした規定(米国は12年、途上国・豪州は5年を要求)が凍結された。この規定もTRIPS+の規定であった。
	著作権等の保護期間	映画、音楽、小説等の著作権保護期間を作者の死後70年間が凍結された。
	技術的保護手段	音楽ソフト等の複製防止装置の解除、解除機器発売に刑罰
	権利管理情報	著作物に組み込んだ作者などの情報改変に刑罰を課す規定
	衛星・ケーブル信号の保護	衛星・ケーブル放送の視聴制限を外す機器の販売に刑罰を課す規定
	インターネット・サービス・プロバイダ	著作権者侵害に対するインターネット接続業者の免責規定

はじめに

ＴＰＰ協定は本文、附属書、交換文書を入れて６３００頁もある。

最初にニュージーランドのウエブサイトに英語の全文で流されたが、覚悟はしていたものの、その膨大な量に度肝を抜かれた。

政府は国会での審議が始まるまで、日本語の翻訳版は出さないと言う。

国民には「遺伝子組み換え食品も国民皆保険もこれまでと変わりありません。大丈夫です」と嘘をついて、本当のＴＰＰの内容を一切、知らせないまま、国会承認、批准までしてしまうつもりだ。

このままでは日本は大変なことになる。

何とかこの内容を少しでも明らかにしなければならない。

ＮＰＯ法人アジア太平洋資料センター（ＰＡＲＣ）の内田聖子さんの発案で、ＴＰＰ違憲訴訟の有志弁護士、熱心にこれまで取り組んできた市民団体の専門家、大学の教授が集まってきた。

２０１５年11月、私の法律事務所で、分野ごとに担当を決めて「ＴＰＰテキスト分析チーム」を結成、それから皆の真剣かつ必死な取り組みが始まった。

時間との闘い、慣れない英語の回りくどい説明、私達はテキストをどう解釈していいか悩み、苦しんだ。

しかし、皆で集まるごとに徐々にその内容が明らかになってきた。

２０１６年1月6日には、「ＴＰＰ協定の全体像と問題点」をまとめて小冊子にして国会議員たちに渡し、説明することができた。今ではさらに内容も深化して第5バージョンになっている。

内容が分ってくるにつれ、ＴＰＰ協定は私の予想をはるかに超えるものであると知って絶句した。

このままでは日本が壊れてしまう。

国民は何も知らされていない。

一刻も早く今私達が知りえている事実だけでも、知らせなければならない。

私は矢も楯もたまらなくなって、この内容を1冊の本に書き上げることを決意した。

無謀な挑戦だった。

深夜、ポツリ、ポツリとパソコンのキーを叩く。

協定の回りくどい書き方を前にしてどう考えても分からない部分も多々あった。何度止めようと思ったことか。

幸い、スイスのジェネーブから、TPPの閣僚会議、首席交渉官会議を毎回ウォッチしてきたサーニャ弁護士が来日してくれた。

私の前著『TPP秘密交渉の正体』（竹書房刊）も彼女からいただいたTPPの秘密交渉の資料をもとにして書き上げたものだった。

ワシントンからはトーマス・カトウさんも日本に来ていただいた。トーマスさんも弁護士で『米国から見たTPP』といった書籍のほか、数々のTPP論文を発表してきたTPPの研究者だ。

私は2人に不躾な質問をしながら、それでも丁寧な回答を得て、本書を書き上げる勇気をいただいた。

第２章——日本の農業はＴＰＰでどう変わるか……077

(1) 米国主導の交渉で日本は全面譲歩

米国の食料戦略は外交上の武器である／米国はＴＰＰ交渉で米韓ＦＴＡ以上のものを日本に求める／ついにアトランタの閣僚会議でＴＰＰは大筋合意に

(2) ＴＰＰ協定で日本の農業は壊滅的な打撃を受ける

政府の発表内容に、日本では農業関係者等に激震が走る／ミカン、リンゴなどの果樹農家は深刻な打撃を受ける／韓国に次いで日本の畜産業の７割は廃業することになる／砂糖、甜菜などの作物も危機的状況になる／農畜産業振興機構（通称＝エイリック）は農家のための価格調整ができなくなる／日本の酪農は経営が成り立たない状況が予測される／廃業する農家への支援金を韓国では出しているのに、日本政府は出さない／すべての農作物がいずれ関税撤廃になることに日本は合意

(3) 20年後の日本の農業はメキシコのようになる

コメも含めて20年か、30年以内にすべての農産物が関税撤廃される／農産物の関税が撤廃されたら日本の農業はどうなるか／北米自由貿易協定ＮＡ

え食品の輸入を止めることができなくなる

（2）**TPP協定で食品の表示はどうなるのか**

日本もTPPで遺伝子組み換え食品の表示ができなくなる恐れがある／米国は連邦法の改正で遺伝子組み換え食品ではない旨の表示もできなくなる／日本国産牛肉の表示などもTPPではできなくなる／食料品についての「産地」表示もできなくなるのでは

（3）**残留農薬、食品添加物の安全基準はどうなるか**

遺伝子組み換え食品ではグリホサートの農薬被害も怖い／食品添加物、残留農薬の基準が大幅に下げられる／すでに日本でも始まっている遺伝子組み換えのコメの栽培

第5章——私達の医療はTPPでどう変わるか …… 187

（1）**医薬品がTPP協定で2倍から3倍になる**

アトランタでの閣僚会議で最後まで揉めたバイオ医薬品データ保護期間創設問題／TPPの主役はファイザーなど米国のグローバル企業／データ保

護期間の延長で日本の医薬品の価格はどう変わるか／特許が切れた新薬で、ジェネリック医薬品を作るには「通知」が必要／TPPで新薬の特許期間がさらに延長される／医師の診断、治療、手術法も特許の対象になる／医薬品の価格決定に、医薬品企業が介入してくる／医療保険に収載される医薬品はどうなるか／米国では金持ちでないと医療は受けられない

(2) TPP協定で日本の国民皆保険制度はどうなるか

国民皆保険制度が危なくなる／混合診療での先進医療は将来、保険の適用がなくなる／外資系保険会社からISD条項で政府が損害賠償を求められる／民間病院は株式会社になる／国連人権委員会理事がTPP協定に署名、批准しないように要請

(3) 知的財産権の章でインターネットの自由が失われる

特許期間が50年から70年に。違反した場合の損害賠償額も法定額になる／インターネットでシェア、拡散したら〝逮捕〟されることもある／政府がサーバーを規制管理することができる

第6章――国有事業と公共調達

（1）これまで国、自治体から受けていたサービスが民営化に

国、自治体が行う行政サービスも自由化の対象に／国有事業は郵政事業の市場開放、民営化と同じ道をたどる／米国が狙っているのは日本の共済などの運用資金600兆円／政府は国有事業の内容をいまだに秘密にしている／TPPで（独）農畜産業振興機構は、補助金が出せなくなる／TPPで国立・公立病院はどうなるだろうか／日本だけが、国有事業について、除外留保を求めていないのは理解できない

（2）公共調達に外資が入れば、地方はさらに疲弊する

日本の国、地方の公共サービスは、外資に市場開放される／TPPで地方の土木建設業は軒並み廃業に追い込まれる／公共調達では事実上英語と自国語での手続きが求められる／公共調達に談合などがあれば、TPPでは刑事上の罰を受けることになる／公共調達の交渉では、日本が最も譲歩している／日本の水道事業は市場開放、民営化されてしまう／公立学校も警察も刑務所も米国では民営化。日本でもそうなるのか？／日本でも地方の都市はTPPで米国のように破綻する

に戦略特区でTPPの前倒しがなされている／TPPでGDP14兆円増との試算は単なる作文に過ぎない／TPPで経済は成長するどころか、3・6兆円のマイナスになる／日本の自動車業界においても、TPPでは何のメリットもない／米国タフツ大学の試算では、TPPで日本のGDPは減少する

(2) TPPで雇用が失われ、賃金も下がる

TPPは雇用を減らし、労働者の給料を下げる／米国の労働組合はすべてTPPに反対／TPP協定の労働の章は、ILO基準よりも後退している／TPPでは最低賃金も上げられなくなる／雇用の国家戦略特区で金銭による解雇が認められることになる／TPPで日本も外国人労働者を受け入れ、給料も減らされる

日本国民への提言「今私達にできること」

TPPを阻止するために、私達はすぐにでも動きださねばならない／TPP差し止め違憲訴訟でTPPを止める

終わりに

第1章
米国ではTPP協定を批准できない！各国の複雑な状況

えっ、アメリカがTPP批准に反対してるの!?

アメリカでは…

12カ国中、8カ国の国民多数が反対（2016年6月現在）

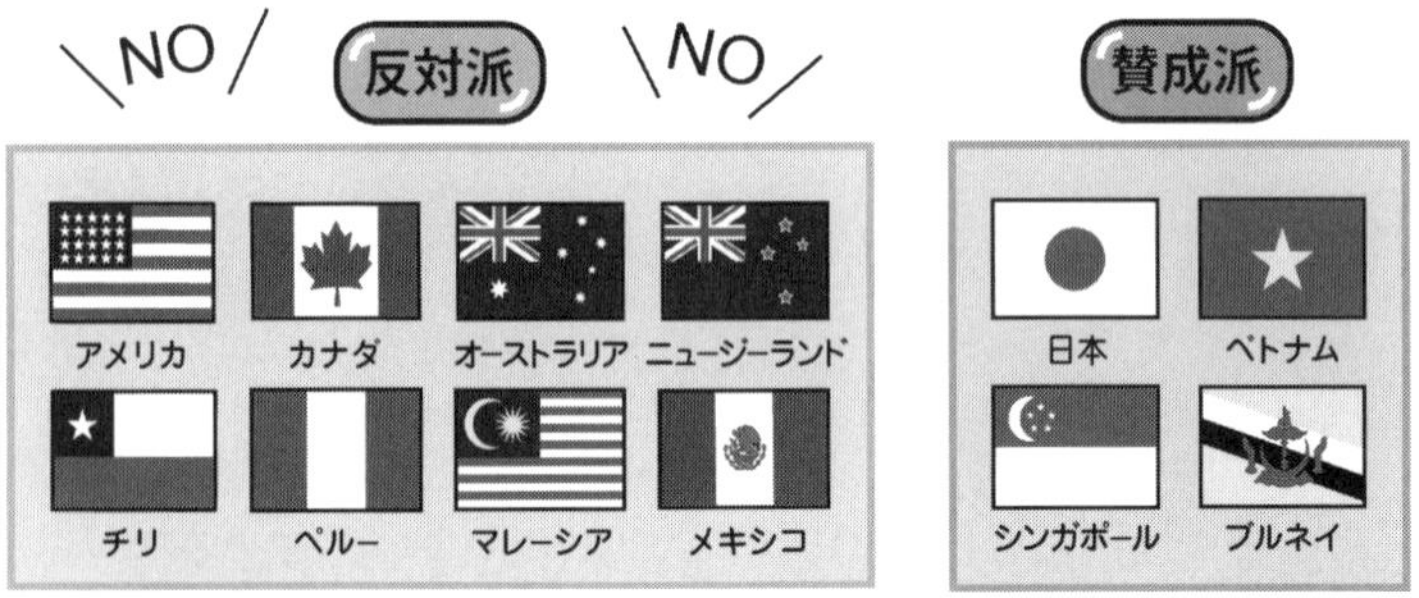

TPP
批准
TPP反対
トランプ
クリントン
★★★アメリカ大統領選2016★★★

米国ではTPP協定を批准できない！ 各国の複雑な状況

◉まな板に載せた魚は時間が経てば経つほど臭くなる

今回のTPP合意は今年（2016）2月4日に、ニュージーランドのオークランドで12か国の代表が集まって署名した。

TPP協定の合意文書によれば、署名から2年以内、2018年2月3日までに12か国のうち6か国、GDPの85％以上の国の批准ができなければ発効できないことになっている。

安倍総理は先ず日本が他国に先駆けて批准しようと、通常国会で特別委員会を設けて審議入りした。

しかし、当時の甘利担当大臣はあっせん利得罪の疑いで東京地検が捜査中のうえ、睡眠障害として国会に出てこない日が続き、事務方の鶴岡公二首席交渉官も英国大使に任命されて日本にいいない。後任の石原伸晃担当大臣も何も答えられない。野党の資料要求に対して、タイトルだけであとはすべて黒塗りのTPP資料を提出するに及んだ（実は、本書の表紙はこの黒塗り資料の実物をバックに敷いてデザインしたものだ）。

しかもTPP特別委員会の委員長西川公也議員が、国会には黒塗りの資料を出しながら、交渉経緯の暴露本を出すことが判明し、国会は紛糾して審議も中断。7月の参議院選挙が終わって、秋の臨時国会での批准を自民党与党は目論んでいる。

こういった経緯もあってTPPは本格的な国会の審議に入れないままではあるが、多くの国民はもう「TPP協定はいずれ日本でも批准されるだろう」と諦めているものと思われる。

しかし、私はそう思わない。

TPP協定は潰すことができると確信している。

TPP協定の本当の内容を知ったら、国民は驚くに相違ない。

TPPが如何に不平等な条約で、日本の独立国家としての主権、私達の憲法上保障されてきた基本的人権が無残に損なわれる恐ろしいものであるとわかったら、誰一人として批准せよとはいわないだろう。

「TPPはもう仕方ない」と国民の多くが思い込んでいるのは、政府の虚偽の説明（嘘）に騙されているためであり、メディアが本当のTPPの内容を国民に知らせようとしていないからだ。

私は米国でTPP反対運動を続けてきたパブリック・シチズン（米国の消費者団体）のローリー・ワラックさんからこのように言われたことが、忘れられない。

「まな板の上に載せた魚は時間が経てば経つほど臭くなってきて、とてもではないが食べることなどできなくなるでしょう」

著者の左がワラック氏、右がケルシー教授

まさに、今TPP協定はまな板の上に載せられた。
これから、各国の国民の審判にさらされる。しかし、TPPの真実の内容を知ったら、あまりのひどさに批准など到底できないだろう。

◉米国のTPP批准の試金石・TPA法案成立に向け、安倍官邸が米国議会でロビー活動を⁉

冒頭にも書いたが、このTPP協定は署名から2年以内に、GDPの85％を占める国であって、6か国以上の批准がなければ発効できない。

米国か日本のいずれかが2018年2月3日までに批准しなければこの協定は流れてしまうことになる。

日本と違って、米国は、合衆国憲法で大統領には通商の交渉権限はなくて連邦議会にある。そのためオバマ大統領がTPPの交渉をまとめるとしても、連邦議会から大統領に通商交渉権限を与えるTPA法案を上院、下院の多数決で採決しなければならないことになっている。このTPA法案の採決が今回のTPP協定の米国での批准の前哨戦だったと言える。

TPA法案の可決は難産した。

オバマ大統領は共和党の院内総務マコーネル議員と医薬品業界のドンと言われているハッチ財政委員長二人と組んで、数回にわたって法案の採決を試みたがいずれも失敗に終わった。2015年6月、ようやく、賛成215票、反対214票のたった1票差で可決することができた。

この1票差の採決についてはいろいろな噂もあった。

米国では国会議員に対しての企業の政治献金は青天井なので、いくらでも献金できるようになっている。最後の採決の時には製薬業界などのロビイストが活発に動き回ったのは間違いない。

TPA法案に関しては俄かには信じられないことも起きている。PARCの内田聖子さんは「TPA法案審議の際に日本政府が米国のロビイストを起用して議員を説得、TPA可決を後押しした」と語っている。実際、2015年5月21日付けの『ブルームバーグ』にはこんな記事が掲載された。

「日米などが参加する環太平洋連携協定（TPP）交渉の妥結には、米議会での大統領貿易促進権限（TPA）付与法案の可決が前提条件となる。同法案には与党民主党議員を中心に懐疑的な姿勢が目立つため、日本政府は米国のロビイストを起用してこうした議員を説得、可決を後押ししようと努めている。

日本政府のこのような取り組みを米国で指揮しているのは法律事務所アキン・ガンプ・ストラウス・ハウアー・アンド・フェルド。日本はこのほか、長年にわたり民主党の政治資金調達を担当してきたトニー・ポデスタ氏率いる『ポデスタ・グループ』、同党上院院内総務を務めたトム・ダシュル氏の『ダシュル・グループ』など強力な政治的コネを持つロビイストやPR会社の力も借りている。（中略）

アキン・ガンプのパートナーのスコット・パーベン氏は電話インタビューに対し、日本の当局者が『日本の優先課題は何か、日米関係がなぜそれほど重要なのかといった問題について米国の政策立案者、利害関係者に理解してもらうため、一丸となって取り組む必要がある』と説明した。当局への届け出によれば、同事務所は2014年8－12月に日本から38万8000ドル（現行レートで約4700万円）の支払いを受けた」

日本政府による米国政界に対するロビー活動でどれだけの金が使われたかは闇の中だ。

2012年12月の衆議院の総選挙ではあれだけ「TPP断固反対」「ブレない」「ウソつかない」と言っていた自民党安倍晋三総裁だが、何と米国議会がTPA法案を可決させるために、国民の税金を使ってロビー活動までさせていたのだ。安倍政権はTPP条約を何が何でも批准させようとしている。

◉米国連邦議会では、TPP協定は批准されることはない

ところが、日本とは異なって米国議会は、TPP批准が非常に難しい状況になっている。

もともと、企業、保守層が支持基盤の共和党はTPPに賛成の立場であるが、共和党内の反TPP派ティーパーティーの50人は、TPAの最後の投票でも反対を押し通した。

米国の共和党の中でも最も保守的だと言われているティーパーティーのグループは、合衆国憲法によって通商交渉権限は議会にあるのだから、TPA法案のように大統領に一括して任せるのでなく、すべてを連邦議会が厳格に審議しなければならないと正論を主張している。さら

に、ＩＳＤ条項（第7章で詳述する）によって外国の企業から米国政府が訴えられることは、国の主権が損なわれて、米国の伝統文化までも失われかねない、と危惧している。

２０１6年11月に予定されている下院議員の総選挙でも、現在の勢いからしてＴＰＰ反対派が増えることは確実なようだ。

共和党の中でＴＰＰ賛成派でＴＰＡ法では賛成票の取りまとめに精力的に動いたハッチ財政委員長にしても、バイオ製剤のデータ保護期間が12年から8年に短縮されたことが許せないとして、ＴＰＰ協定の批准については早くも反対を表明している。

マコーネル院内総務も、選挙区のケンタッキー州の産品であるタバコが、ＴＰＰ協定のＩＳＤ条項の例外品目になったことにカンカンに怒っている。

このようにＴＰＰ署名前までは積極的に賛成した議員までがいまや反対派に回っている。

それだけではない。米国のＴＰＰを推進してきた農業団体、製糖業界、酪農団体からも不満の声が上がっており、同じくＴＰＰ推進派の米国産業界も批准に関しては一つにまとまっていない。

さらにもうひとつ。米国の民主党の大きな支持基盤である全米労働総同盟（ＡＦＬ－ＣＩＯ）のリチャード・トラムカ会長は「ＴＰＰに賛成する議員は今年11月の選挙で一人残らず落とす」と断言しているほど。

こうなってくると２０１６年の11月、大統領選挙と一緒に行われる下院議員選挙ではＴＰＰ反対派が増えることになってＴＰＰ協定の批准はますます難しくなってくる。

◉米国大統領選の候補者は皆ＴＰＰに反対している

米国の大統領予備選挙もほぼ終わり、共和党ではドナルド・トランプ、民主党ではヒラリー・クリントンが大統領候補に指名されたが、二人ともＴＰＰには反対だ。

これまで共和党の大統領候補だった医師のベン・カーソン、ジェブ・ブッシュ、テッド・クルーズにしても皆がＴＰＰ反対派だった。

なぜこれほど米国で反ＴＰＰ派が増えたのだろうか。

ひとつは、２０１５年11月、オバマ大統領が気候温暖化に配慮して、カナダの企業が取得していた天然ガスのパイプライン敷設の申請を却下したことによる。それによってカナダの企業は、期待していた利益が得られなかったとしてＩＳＤ条項を使用、日本円に換算して１兆８０００億円の損害賠償を米国政府に求めてきたのだ。

これをきっかけにＴＰＰに好意的だった共和党も変わった。独立の伝統を重んじる彼らにとって、外国企業が米国政府を訴えられるＩＳＤ条項は国の主権が損なわれると、反ＴＰＰ派にまわり始めた。加えて、米国の各州議会もすべてＩＳＤ条項について反対の決議をしている。米国大統領候補２人ともがＴＰＰに反対で、米議会も、各州議会も反対しているのがＴＰＰ協定なのだ。

そして決定的な事実を言えば、米国では国民の７割がＴＰＰに反対しているということを知っておいてほしい。

米国民が反対する理由は、20年前の北米自由貿易協定（ＮＡＦＴＡ）に懲りているためだ。かつて、クリントン大統領がＮＡＦＴＡを締結するときに、「カナダ、メキシコの関税をなくすことによって米国からの輸出が増えて、雇用が増大する。食料品も安いものが輸入されて国民の暮らし向きが豊かになる」と喧伝して国民もそう信じて６割が賛成した。ちょうど現在の日本国民がメディアの報道によって、「牛肉、豚肉などが安くなって、自分たちの暮らし向きは豊かになるのだ」と大半の人が信じ込んでいるように。

米国民も自由貿易協定に期待を抱いていたが、現実は全く違った。ＮＡＦＴＡが成立して20年で貧富の差が極端に拡大してしまったのだ。

確かに、協定締結前はほぼゼロだった米国からメキシコへのトウモロコシの輸出量が、いまでは年間９００万トンを超えている。

しかし、輸出増の理由は、米国がトウモロコシの生産者に１エーカー当たり28ドルの補助金に加えて輸出補助金までつけて輸出したからで、その結果、何の補助金もなかったメキシコの350万戸の小さな農家はひとたまりもなく潰れていった。食べられなくなったメキシコ農民は、大家族を引き連れて北米大陸の南西部からどっと米国内に職を求めて入っていった。

当時のことを、私は全米労働総同盟の会長リチャード・トラムカ氏から「川を泳いで渡った不法移民だけで600万人もいた」とお聞きした。

今でもメキシコからの移民の流入は続いていて、米国にとっても大きな社会問題になっている。共和党の大統領選候補ドナルド・トランプがしきりに「メキシコとの間に壁を作る」と言って物議を醸しているのもこの問題が発端で、不法移民には最低賃金の適用などなく、安い労働力として米国人の職業を奪っていき、ついに米国人500万人が失業したと言われている。

全米労働総同盟のテア・リー副会長が私にこのようなことを話してくれた。

「米国にある大きな工場が米国工場を閉鎖してこれからメキシコに出ていくと言い出したのです。人件費が安い、労働組合もない。税金も安いからと。何とか思い留まって欲しいと交渉を重ねた結果、給料を半額にしたら残ってもいいと言うので、やむなく条件を飲んだのでしたがそれでも出て行ってしまいました」と。

パブリック・シチズンのローリー・ワラックさんも、「米国にある4000の工場がメキシコに出ていき、米国の工業生産額が25%減少して、米国人の給料が42年前の水準まで下がってしまった」と私に話してくれた。

そんな状況の中いまここで、ベトナム、マレーシアなどとＴＰＰ協定を結んだら、「アジアから安い労働力が米国に入ってきて、自分たちがさらに失業することになる」「やっと残っている工場も米国からアジアへと出て行ってしまう」「デトロイト市のように地方はさらに疲弊してしまうだろう」「貧富の差が拡大して生活すらできなくなる」「もうこれ以上政府に騙されない」といって米国国民はＴＰＰに反対しているのだ。

米国の大統領選挙のトランプ旋風、そしてヒラリーの対抗馬で当初は泡沫候補といわれたバーニー・サンダースの勢い、これらはこれまでの大統領選挙では考えられなかった現象である。いずれも、貧困層、仕事につけない若者たちが立ち上がって、ウォール街から１円も献金を受けてないトランプとバーニー・サンダースに期待しての大統領予備選になった。

民主党の大統領候補ヒラリー・クリントンも、オバマ大統領のもとで国務長官の時にはＴＰＰを推進していたが、最近の演説では、「ＴＰＰで米国人の雇用が失われる。貧富の格差がさらに拡大する」と強硬な反対論を展開している。

先述したように米国議会はＴＰＰ反対派が増えることが確実視され、新しい大統領にどちらが選ばれてもＴＰＰには反対だ。私は米国においてＴＰＰ協定を批准させることは非常に難しくなったと考えている。

◉日本と違って農産物を守ることができたカナダもTPP協定の批准は難しい

カナダは大筋合意の後、TPPに批判的だった国民期待のジャスティン・トルドーが首相となり、現在TPP協定について徹底的な検証を行っている。

今年2月4日ニュージーランドのオークランドで行われたTPP署名式の時にもクリスティア・フリーランド国際貿易相は「我が国は署名式には出席するが、署名と批准は同じではなく単に技術的なステップに過ぎない」と述べて一時騒然となった。カナダが批准しないとすれば共同声明も出せなくなってしまう。何とか共同声明はつくろったものの、これからカナダ政府がTPPを批准するかどうかはわからない。

カナダ政府がTPPで一番懸念していたのは日本と同じように農産物の問題だった。

カナダでは現在、国民に安定して食料を供給するための供給管理制度を設けている。農産物の関税については、国別に特別輸入枠を設けて、そこだけは低く抑えているものの、通常の輸入については、例えばバター、チーズなどの乳製品、鶏卵、鶏肉などは150%から300%の高い関税を維持して、国内の農業を守ってきた。

私は現職の議員時代、カナダに供給管理制度の勉強に行ったこともあって、カナダの農業制度がどうなるか、TPP交渉の当初から大変興味深く見守ってきた。

●重要5品目の主な合意内容と関税撤廃品目

	国会決議	TPP「大筋合意」主な合意内容	関税撤廃率	日豪FTA
米	除外または再協議	米・豪産米に7.8万トンの輸入枠新設除外 ミニマム・アクセス米6万トンを米国に上積み	26%	除外
小麦		米・加・豪産小麦に25.3万トンの輸入枠新設将来見直し マークアップを45%削減	24%	将来見直し
牛肉		15年後までに関税を76%削減（38.5%⇒9%） 高級肉は10年で関税撤廃（4･3%⇒0%）	73%	関税38.5%⇒23.5%
豚肉		加工肉（差額関税）は90%削減 バター・脱脂粉乳に低関税輸入枠を新設再協議	67%	差額関税を20～50%削減
乳製品		ホエー(乳清)の関税撤廃 ナチュラルチーズの関税を撤廃チーズ関税割当	16%	再協議 チーズ関税割当
砂糖		加糖調整品の輸入枠新設将来見直し でんぷんに特別輸入枠新設	24%	将来見直し

※「除外」とは「特定の物品を関税の撤廃・削減の対象としないこと」
「再協議」「将来見直し」とは「特定の物品の扱いを将来の交渉に先送りすること」
※決議は「10年を超える期間をかけた段階的な関税撤廃も含め認めないこと」も要求

TPP協定でのカナダの農産物の関税譲許表によれば、日本でいう重要5品目のタリフライン594品目のうち、71%の424品目について関税撤廃の例外としている。関税譲許表を見る限り、カナダは聖域を守ったのだ。

一方、日本政府は、重要5品目のうち30%が関税の撤廃を免れたとして、どの国よりも農産物の関税を守ったと胸を張っていたが、事実は全く異なる。玉木雄一郎議員の国会質問に、森山農水大臣が「コメにしても無傷の物はなかった」と発言しているので、日本が農産物の聖域を守れなかったことは歴然としている。

しかも、協定では日本だけは、7年後に米国、ニュージーランド、オーストラリアなど5か国と再び関税撤廃の交渉をするように義務付けられている。カナダは日本と同様な申し出がニュージーランドからあったが、酪農者連盟のウォーリー・スミス会長は、「カナダとしてはそのような再協議の申し出はきっぱりと拒否した」と述べている。

ＴＰＰ大筋合意となった２０１４年10月5日、米国アトランタでのＴＰＰ閣僚会議の時、私はカナダ農業団体を代表して来ていたチャールズさんと意見交換したが、その時に「我々は毎晩遅くまで政府の交渉官と話し合いをしている。カナダの農業は守る」と自信ありげに語っていたが、確かにカナダはＴＰＰ交渉において農業を守り抜いたといえる。

アトランタではカナダの労組ＣＷＡのマーティン・オハンロン会長にもお会いした。小太りのがっしりとした会長でなかなかの人物だった。開口一番「ＴＰＰは断固阻止しなければなりません。大企業は利益の極大化のために、最初に労働者の賃金カットを求めてきます。ことにカナダでは自動車産業で働いている労働者の雇用が失われて、外国人労働者に替わりつつあります。ＴＰＰが発効したらアジアからの労働者がさらに増えてきて、私達の職場は奪われます。それにカナダで禁止している食品添加物の基準が緩和されて、食の安全も守れなくなります」と随分心配していた。

カナダはＴＰＰの大筋合意を、どちらかといえば、財界に近いスティーヴン・ハーパー首相がまとめて、その後に環境団体、労組などＴＰＰ反対派の支援を受けたリベラルなジャスティ

一番右がマーティン・オハンロン会長

ン・トルドー政権が誕生したいきさつがあって、ここに来てTPP反対の声が次第に大きくなっている。

そもそもカナダがなぜTPPに反対なのかといえば、米国同様、20年前に締結した自由貿易協定NAFTAで散々苦しんできたいきさつがあるからだ。

代表的なのは、カナダの最高裁判所の決定を不服とした米国製薬会社がISD条項を使ってカナダ政府を訴え、カナダ最高裁の判決が覆されそうになってしまったこと（第7章にて詳述）や、中小企業が次々に倒産してしまってカナダの産業が米国の多国籍アグリビジネス企業、タイソン、カーギルなどの独占的な支配体制に組み込まれてしまったことなどが国民の強い反発を招いたようだ。

このように、カナダ政府も議会もかなり慎重に判断したい状況なので、このまま推移すれば、カナダのTPP批准もかなり難しくなると私は考えている。

◉ニュージーランド、オーストラリアも国民の6割が反対

今回のＴＰＰ協定の署名式は２０１６年2月4日にニュージーランドのオークランドで行われた。

日本では平穏に署名式が行われたかのように報道されていたが、現地では大変な騒ぎになっていた。先住民のマオリ族の人も合わせて約2万人の市民がＴＰＰ署名に反対して、署名式会場を囲むようにして、座り込みと激しいデモを繰り返したのだ。

朝から交通機関は麻痺して、地元の新聞が一時は暴徒化するのではないかと報じたほどで警察隊も出動して、かつてないほどの一触即発の激しい抗議活動だった。

オークランド大学のジェーン・ケルシー教授によれば、ニュージーランドの国民の65％はＴＰＰに反対しているとのことだ。その最大の理由はＴＰＰで医薬品の価格が高騰して医療費が2倍にも3倍にもなって、金持ちでないと医療が受けられなくなることへの不安だと言われている。

ニュージーランドでは１９８０年代に、行政改革の名のもとに郵政民営化をしたが、その際医療についても公的医療を廃して民間による市場原理を取り入れた。株式会社の病院を認めて自由診療に移行する動きが加速されていた。

日本では、郵政民営化に取り組んでいた小泉純一郎総理（当時）が「ニュージーランドを見習え」とテレビなどで叫んでいた頃になる。結局、ニュージーランドはすぐに郵政民営化は止めて国営に戻すことになるのだが、医療はもとに戻らなかった。

民営化する前までは、ニュージーランドの医療はすべて公的なもので、病気になれば、誰でも無料で治療を受けられた。当時は一時滞在している外国人でも公立病院での治療ならば無料だった。

ところが、公共サービスの分野にも行政改革が始まって、効率化を求められた病院は自由診療の名のもとに次々に株式会社化されていった。医療予算も徐々に削減されて残った公立病院も収支のとれていないところから閉鎖されていき、国民は民間の保険に加入して高い医療費がかかる民間病院に行かざるを得なくなった。

ニュージーランドのオタゴ大学の元教官だった河内洋祐理学博士は、その頃になると公立病院でＭＲＩ検査を受けるにしても6か月先でなければ受けられず、手術に至っては2年も待たなければいけない状態が続いていたと話している。一方、民間の医療保険に入って私立の病院に行けば、すぐにＭＲＩも手術も受けられる状態だったようだ。

結局ニュージーランドでは医療費が高止まりしたままで、現在、ＭＲＩを受けるだけで7～8万円かかることになってしまった。ちなみに日本では1回のＭＲＩ代は700～800円で済むのだが。

現在でもこんな状況なのに、ＴＰＰ協定が発効されたら、バイオ医薬品のデータ保護期間が８年延長になり（詳しくは第５章）、薬品の処方、手術の方法にもパテント料を支払うことになって、ニュージーランドでは金持ちでないと本当に医療が一切受けられなくなるだろう。国民が怒って激しいデモを繰り返しているのもよく理解できる。

ちなみに、ニュージーランドで最大手の民間保険会社は米国資本の会社で、そこの会長には行革を進めたニュージーランドの元大蔵大臣が就任しているそうだ。


オーストラリアもニュージーランドと医療の制度はほぼ同じである。

２０１５年７月28日、私はハワイ、マウイ島で行われたＴＰＰ閣僚会議の時に、オーストラリアから来た大学教授で医師のデボラさんと何回かお話しすることができた。

彼女が心配していたのも、オーストラリアでＴＰＰが発効されたら公的医療保険制度が崩壊してしまうことだった。すでに米豪ＦＴＡ（自由貿易協定）の時から、米国はオーストラリアが医療費を税負担で低く抑えている制度を問題視していた。そして今回のＴＰＰ協定の大筋合意の時には、オーストラリアが税金で低く抑えている公的医療保険制度の見直しを要求、オーストラリアはそれをあっさりと認めてしまった。

こうして考えると、ニュージーランド、オーストラリア、その他のＴＰＰ加盟国は、各国とも公的医療保険制度の見直しをＴＰＰ協定附属文書で約束しているので、段階を追って公的医療保険はなくなっていくことは間違いない。日本も今回のＴＰＰ協定の日米の交換附属文書の中で公的医療制度の見直しを約束している。

日本政府が「公的医療保険はＴＰＰで影響がない」としているのは、明らかに国民を騙していることになる。

このような状況では、ニュージーランドもオーストラリアもＴＰＰ協定に65％の国民が反対しているのもよく理解できる。

オーストラリアは現在政権が交代して、安倍総理と仲の良かったトニー・アボットからマルコム・ターンブル首相になっている。

ターンブル首相は早速、中国との友好に向けての姿勢を強く打ち出してきているので、いままでの米国重視の外交とは一線を画すかもしれない。

ことに、現在オーストラリア政府は米国のタバコ会社フィリップモリス社から、米豪ＦＴＡのＩＳＤ条項によって莫大な損害賠償を求められている。日本でもあることだがタバコの包装に「健康のために、吸い過ぎに注意しましょう」といった類の広告を入れ、販売を制限したことが不当な貿易障壁にあたるとして訴えられたのだ。

そのようなこともあって、オーストラリアもアボット政権の前までは、断固ＩＳＤ条項には反対だった。

ＴＰＰ推進のアボット政権を倒した新しい政権が、今後どういうスタンスになるかは定かではないが、オーストラリアとてＴＰＰを批准させることはそう簡単ではない。

◉マレーシアは署名前に批准したが政情不安が続き、関連法案は成立の目途たたず

マレーシアでは、ナジブ・ラザク首相が今年2月4日のＴＰＰ署名式の前の1月27日にＴＰＰの承認を求めて国会で採決をとった。アンワル・イブラヒム議員など野党はこぞって反対したが、賛成１２７票、反対84票で承認されてしまった。マハティール・ビン・モハマド元首相自らが総裁として作り上げた与党統一マレー国民組織ＵＭＮＯは、マハティール氏のＴＰＰ反対の意思を無視して、早々と批准を諮ったことになる。

怒ったマハティール氏は与党に離党届を出して、ＴＰＰを推し進めようとするナジブ政権を激しく非難、現在、政府打倒の先頭に立っていると言われている。

マハティール氏はかつてアジア通貨危機の時、一国だけ欧米に対抗して為替レートを固定相

左はじはサンチャゴ議員、真ん中に座っている女性が国会議員で野党副党首のヌルル・イザー・アンワル氏

場制に戻して見事に経済危機を乗り越え、今でも国民に厚い信頼がある。

　私もかつて日本でマハティール氏にお会いしたが、その時「私もまだ与党の一員なので公にはできないがＴＰＰに反対である」と断ったうえで次のように語ってくれた。

「ＴＰＰではＩＳＤ条項を一番心配している。マレーシアにはＩＳＤ条項で米国と闘えるだけの法律家の人材もないいし、それだけのお金もない。国が米国の企業から金銭的にも略奪されるだけだ」

　現在、マハティール氏はナジブ首相を、政府系金融機関から７６０億円の違法な個人献金を受けたとして刑事告訴している。

　私もブルネイでのＴＰＰ閣僚会議の時に、マレーシア野党の副党首アンワル議員など数名の議員と食事しながら意見交換したことがある。その後日本にも来ていただいたが、彼らのＴＰＰ反対の意向は強い。おそらくナジブ政権は時間がたてばたつほど反対の声が強くなって、マレーシアでのＴＰＰ協定の批准が難しくなると判断して、２月４日の署名の前に審議もほとんどなされないまま強引に可決してしまったのではないだろうか。

現在マレーシアの国会では関連法案の審議中だが、国民は怒って今でもＴＰＰ反対の激しい抗議活動を続けているので、法案成立は簡単ではなさそうだ。

◉ベトナム、シンガポール、ブルネイは批准するも、チリ、ペルーは複雑な状況

先日、米国のタフツ大学でＴＰＰのＧＤＰ影響試算を共同執筆したジョモ・Ｋ・スンダラム氏が来日され、いろいろとお話をすることができた。ジョモ氏はマレーシア出身の経済学者で、第63代国連総会議長のアドバイザーを務め、ＴＰＰにも大変造詣の深い人物である。

私が「今回のＴＰＰ加盟国で得をする国はありますか」と尋ねると、即座に「ベトナムです」と答えられた。

なるほど、これまで私が接してきたベトナム関係者は、社会主義国家ゆえにＴＰＰには消極的だったが、「国有事業」の問題を米国などに例外として認めさせたので、憂慮していた面は

なくなったと判断したのだろうか。人件費が安いベトナムにとって、日本などの外資を受け入れて自動車や造船業などの製造業を発展させて輸出を伸ばせば、経済成長できると考えているのだろう。

ジョモ氏の話では、ベトナムはＴＰＰ協定に積極的で、２０１６年中には批准できる見通しのようだ。

残るチリ、ペルー、シンガポール、ブルネイの状況だが、チリとペルーも国民の反対が多く、国際経済学者で弁護士のサーニャ・リードスミスさんの話ではチリの国会議員は全員ＴＰＰ協定に反対している。ペルーでは、いまだに米国とのＴＰＰについての協議が続いている。大国のエゴにほんろうされているチリ、ペルーもいざ批准となれば容易ではない。

シンガポールは金融を中心とした都市国家でもともとＴＰＰには賛成であり、ブルネイ王国は王の判断によるため批准には問題なさそうだ。

こうして各国の状況を調べるとそれぞれに複雑な状況があって、そう簡単にＴＰＰを批准できる状況ではないことが明らかになってくる。

何せ、加盟国12ヵ国中、ＴＰＰに国民の多数が反対している国は８つ（残念だが日本は賛成派）もある。

これだけ多くの国が反対しているのだ。いまからでも協定を止める道はある。

日本だけが急ぎ批准することはない。

第2章

日本の農業は TPPでどう変わるか

[redacted]

[redacted]

農産物の直売所が禁止に？

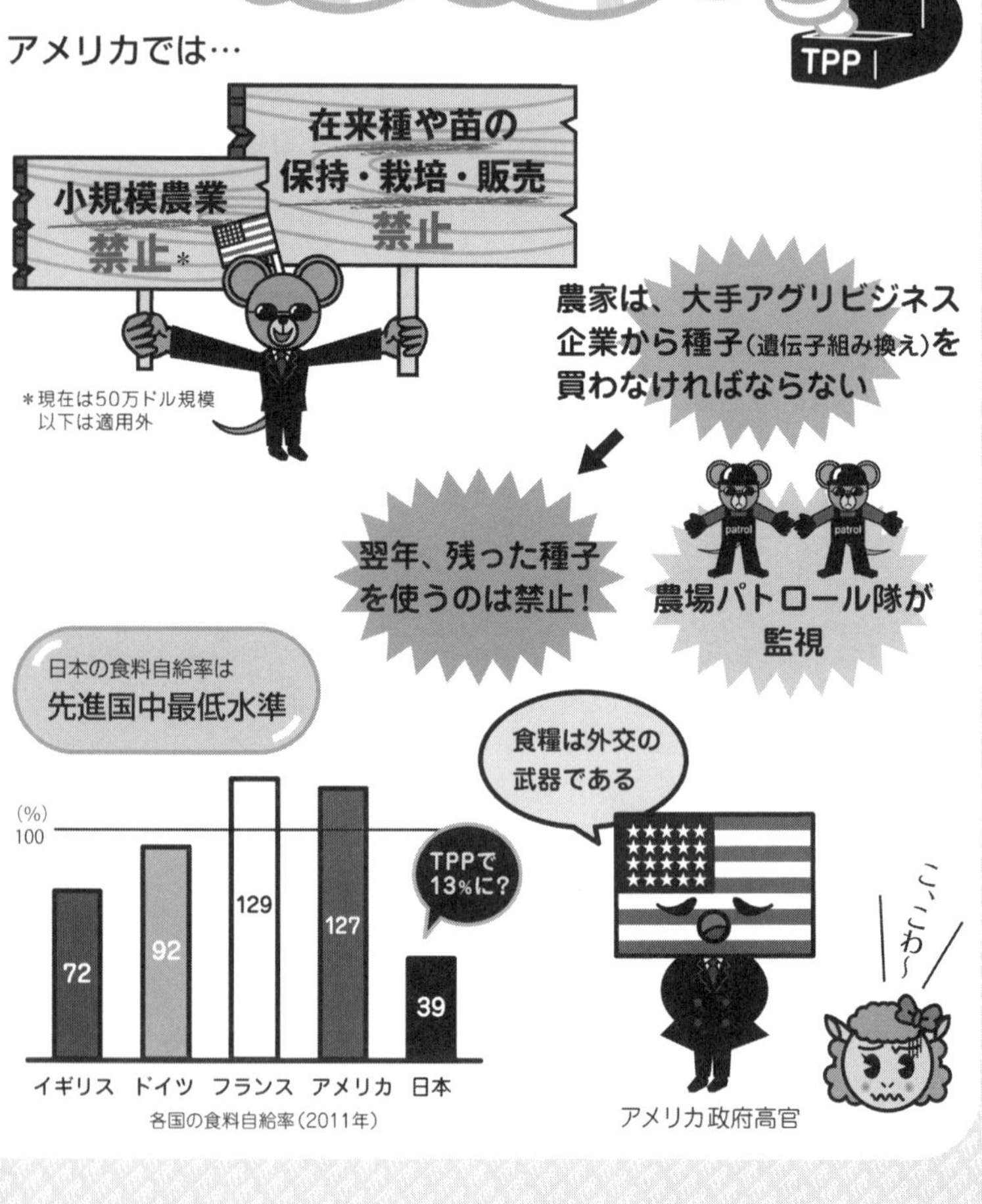

農業
やさい直売所
生産者の
こだわり
ひょえ〜
安心安全
PATROL
契約違反だ
訴える！

日本の農業はＴＰＰでどう変わるか

（1）米国主導の交渉で日本は全面譲歩

◉米国の食料戦略は外交上の武器である

かつてどこの国でもそうであったように米国も自国の食料は自国で消費する量だけを生産すれば足りるといった考えのもと、日本と同じような減反政策をとっていた。

ところが１９７３年米国はニクソン大統領の時代、アール・バッツ農務長官が食料政策の大転換を図った。それまでの減反政策から一転して農家に補助金をふんだんに与えて大増産に舵を切った。

「食料は米国にとってはミサイルと同様に重要な武器である。他の国の食料を米国で賄えれば戦わずして支配することができる」と当時の米国政府の農務長官はじめ政府高官が次々に公言し始めた。

今回のTPPは米国が世界を食料によって支配しようとする意図が根幹にあることを忘れてはならない。

米国は、国内の食料の大増産に向けて農家への直接支払いによる助成制度を採用した。例えば、コメについては目標価格を1トン当たり240ドルに決めて、国際相場が74ドルであればその差額166ドルを農家に支払う。トウモロコシは1エーカー当たり28ドル支払うなど、農産物にミサイルと同様に惜しみなく税金を注ぎ込んで増産に拍車をかけた。

私も以前は、米国の農業は一人当たりの耕地面積が200ヘクタールと日本と規模が違うのでコストの差で競争にならないのだと思っていた。

ところが議員になって米国の農業視察に行くと政府は農業者への直接支払いの補助金だけで毎年日本円に換算して2兆円は使っていることが分かった。

ちなみに、私がワシントンでお会いした当時の全米養豚協会の会長は「今米国で政府から補助金をもらってないのは我々だけである」と威張っていた。

そうして、国の税金を注ぎ込んで大量に生産された農産物、かつて余剰農産物と言われていたものに、さらに年間2000億円から3000億円の「輸出信用」の名目で事実上の輸出補助金を付けて、米国は各国に食料の輸入を迫ってきたのだ。

さらに米国は、食料の世界戦略の先兵としてカーギルなどの老舗穀物メジャーや、ベトナム戦争時代に枯葉剤などを生産していたモンサント、デュポンなどの化学会社を使って世界の食料市場を席巻して、莫大な利益を得ようとしている。

各国が食料の自給率を守ろうとすれば、農産物の関税を高くして輸入制限をかけて自国の農業を守るしかない。

これがもとで米国、カナダ、オーストラリア、ニュージーランドなどの農産物の輸出大国と、アフリカ、アジアなどの輸入国との対立構造となって、WTO（世界貿易機関）の交渉停滞につながってしまった。

それ以後、米国は2国間のEPA（経済連携協定）やFTA（自由貿易協定）、そして北米自由貿易協定（NAFTA）など個別の交渉を行うようになった。南米自由貿易協定はブラジルなどの反対で失敗に終わったが、関税の壁を打ち破るために、米国はPACIFIC−4（通称：P4）と呼ばれるチリ、ニュージーランド、シンガポール、ブルネイの4カ国が関税及び非関税障壁を撤廃して相互の商品貿易を促進しようとする交渉に参加して、日本、カナダ、メキシコ、オーストラリアを巻き込むことに成功したのである。これが現在のＴＰＰとなる。

米国の食料戦略は50年かけての周到なものであった。

◉米国はＴＰＰ交渉で米韓ＦＴＡ以上のものを日本に求める

そもそもＴＰＰは、自民党政権のころから米国の要求によって内閣府で検討されていたが、政権交代して鳩山由紀夫政権になって、一旦米国からの年次要求とともに断ったいきさつがある。その後菅直人政権になって２０１０年10月にＴＰＰ交渉の参加を言い始めた。

私は当時農水大臣だったが、「ＴＰＰ交渉はこれまでの貿易交渉と異なって農業だけの問題ではなく国の形が変わるものだ」として徹底的に反対した。

当時、仙谷由人官房長官が「日本はガラパゴスになってしまった。第3の開国だ。開国なくして座して死を待つつもりか。韓国を見ろ。バスに乗り遅れるな」と吠えまくった。

新聞テレビも一斉に「米国と自由貿易協定を結ぶ韓国に後れを取ってはならない。ＴＰＰに日本も参加すべきだ」と報道した。

最近、韓国のソン・キホ弁護士から聞いた話では韓国が米韓ＦＴＡを締結する前にも「第3

の開国だ」との論調だったそうで今更ながら、米国外交のしたたかさに驚かされる。

結局、私は農水大臣を辞めて皆で「ＴＰＰを慎重に考える会（超党派の議員連盟）」を設立し、今日までその反対運動を続けている。

民主党議員への反対運動は広がって、ついに多数を占めて、野田（佳彦）政権になって、ハワイで開かれたＡＰＥＣでの交渉参加を踏み止まらせることができた。

そのころ、私達はワシントンに行き米国通商代表部（ＵＳＴＲ）ウェンディ・カトラー代表補にお会いした。彼女はその後日本の大江博審議官とのＴＰＰ交渉のパートナーとして、日本でも知られるようになった。

私は彼女に直接聞いた。

「ＴＰＰ協定で米国は日本に何を求めるのか」

「米韓ＦＴＡの内容を見てほしい。日本にはそれ以上のものを求める」

とはっきりと答えた。その足で国務省のズムワルト東アジア・太平洋局日本部長にもお会いして同じ質問をしたが、判で押したように同じ答えが返ってきたのには驚いた。

すぐに私達は韓国に出向いたが、韓国はちょうど米韓ＦＴＡの交渉の真っ只中だった。

韓国もまた日本と同じように、食料自給率は41％（２０１３年）と低く、コメが主食で一人当たりの耕作面積も日本より小さな兼業農家が主体の稲作文化の国である。

私は韓国農協のトップに面会を求めたがナンバー2が出てきて「韓国の農協は大統領によって、預貯金と保険、営農に3分割しなければならなくなりました。会長は今朝から会議、会議で、私で申し訳ありません」と謝られた。

韓国はWTOの香港会議の交渉時にも2000人ほどの農民を動員して、米国、オーストラリア、カナダなどの関税削減の要求に断固反対してリーダーが焼身自殺を図ったほどで、米韓FTAでも韓国農民はデモで機動隊から圧死させられ、WTOの時と同様に抗議の焼身自殺者一人を出して激しく抵抗していたが、既に様変わりしていた。

2015年11月、今回のTPP大筋合意の内容（英文）がニュージーランドのウェブサイトに掲載されてから、韓国のソン・キホ弁護士に米韓FTAとの比較をしていただいた。

その結果、ほぼ全く同じ内容でソン・キホ弁護士も驚いていた。

ただ米韓FTAでは「コメは除外」として明記されているのに、日本にとっては「除外」が記載されていないなど重要な部分については、確かにカトラー代表補が述べたように、TPPでは日本に米韓FTA以上のものを求められていた。

しかし、自民党安倍政権がTPP交渉に参加を表明した時、「日本にとって農産物の重要品目、コメ、麦、牛肉、豚肉、乳製品、砂糖などについては関税を撤廃しないでいい旨の了解を取り付けたので、聖域は守られる」と言っていたのではなかったか。

安倍政権の言葉を受けて自民党及び野党も一緒になって2013年4月19日衆議院農林水産委員会でTPP参加の国会決議をした。

その内容を要約すると農林水産物のコメ、麦、牛肉、豚肉、乳製品、砂糖などの重要5品目の聖域の確保を最優先して、関税撤廃から「除外」することなどが細かく記載されている。

あれはなんだったのか。

◉ついにアトランタの閣僚会議でTPPは大筋合意に

それから、2年半が経った2015年10月4日、「今回まとまらなかったら最後だろう」と囁かれたTPP閣僚会議が米国アトランタで開かれた。

このTPP閣僚会議は重要なので、会議の状況、雰囲気を記しておきたい。

10月4日、私もアトランタで各国のNGOと連絡を取り合いながら、会議の経緯を見守っていた。会議が開かれるウェスティンホテルの前で日本から用意してきた麦わら帽子を被り、一緒に行った仲間たちと横断幕をもってデモも行った。

カナダからいつも来ている農業団体のチャールズさんからは、いきなり「日本は自動車の関

アトランタでは日本から持参した麦わら帽をかぶり、横断幕を持ってTPP反対を訴えた

税を譲ってしまって、何のメリットがあるんだ。酪農品でもカナダは一切譲歩しないよ」と笑いながら話しかけてきた。

会議は延長に次ぐ延長を重ねた。ホテルのロビーには、米国の民主党のサンダー・レビン下院議員、マイケル・フロマン米国通商部代表らも時折顔を見せていたが、前回のハワイでの閣僚会議の時と違ってなぜか緊迫した雰囲気はなかった。

突然、私が最も信頼しているNGOの一人サーニャ・リードスミスさんから連絡が入った。緊張した声で「山田さん、大筋合意に至った」早口で告げる。私も「どうして？　オーストラリアは新薬のデータ保護期間で譲歩したの？」「そう。交換条件として米国がオーストラリアからの砂糖の輸入を認めたので先ほど決まった」

私はすぐにアトランタに来ていた日本の畜産関係者に連絡を入れたが、「政府からはIP（医薬品のデータ保護期間）の問題でTPPはまとまることはないと聞いているので昼からお酒を飲み始めたところです」との返事だった。

おそらく、政府筋以外の日本人としては最初に私達がこのTPP大筋合意の情報を入手していたのではないだろうか。

翌日、サーニャさんの情報どおりTPPは大筋合意に至ってしまう。その日、内閣府は農業団体などの業界、自民党政治家たち与党の利害関係者を一堂に集めてTPPが合意に至った説明会を開いた。それは説明会というより慰労会むしろ祝賀会の雰囲気だったと言われている。こぞって甘利大臣の健闘を称え、中には、甘利担当大臣を「白洲次郎の再来だ」と持ち上げる業界団体もいたそうだ。本来何事も冷静に報道すべき、新聞記者達まで万歳を叫んだ異常な雰囲気だったと参加者から聞いている。

INTERNATIONAL

Obama trade battle returns to Congress

Twelve nations strike TPP accord but Republicans hold key to sealing US president's economic legacy

FT summit

Commodities crash spurs wider call for energy reform

「オバマと議会のバトルが始まる」との見出しが踊るフィナンシャルタイムの一面

日本でもお祭りムード一色だった。新聞、テレビは一斉に「牛肉が安くなる」「豚肉もバター、チーズも安くなって、これで国民の生活は豊かになる」と報道した。祝賀の号砲が鳴り渡ったような雰囲気だった。

ところが、米国の報道は違った。

「オバマと議会のバトルが始まる」「流してしまえＴＰＰ」というもので、各国の報道も多少の温度差はあっても冷静に、ＴＰＰの状況、本質をとらえていた。イギリスのガーディアン紙などは私達のデモの様子を一面トップに写真入りで報道した。

（２）ＴＰＰ協定で日本の農業は壊滅的な打撃を受ける

◉政府の発表内容に、日本では農業関係者等に激震が走る

そして次の日には、政府は待ちかねていたかのように、「農産物については各国98％関税撤廃なのに日本は82％にとどまることができた。国会決議によるコメ、麦、牛肉、豚肉、乳製品、砂糖など重要項目の聖域は守られた」と胸を張ったのだ。

さらに農水省は農産物についてのTPP合意の「関税撤廃、削減の日本の譲許表」という数十ページにもなる小冊子を用意して農業団体などに説明を始めた。これだけの用意をするには少なくとも半年前から準備が必要だったはずだ。表には主要な農産物についての詳細な試算がされていた。

一方、新聞報道などを見て農業者、農業団体、漁業者、林業者、第一次産業に携わる人々の間に衝撃が走った。

農水省はこれまでの2328品目に関税をかけて日本の農業の自給率を守ってきたのに、しらっとその8割の関税を撤廃したと発表した。

私も驚いた。これまで議員としてもWTOの交渉、農水大臣としてもメキシコ、チリなどとの外交交渉にもあたった者として、これまでに経験したこともない農産物の全面的な開放に、さすがにここまで想像していなかったので、背筋が凍るような思いをした。

おそらく、農業団体の役員たちも、それまでの政府の説明からして楽観視していたので驚いたのではないだろうか。JA全中のトップ奥野長衛会長は「内容をよく精査しないとわからない」と答えるだけだった。

しばらくして、九州、東北などの各県のJA中央会長たちから「これでは、聖域も守られていないではないか」と次々に声が上がった。

その後、日本農業新聞が全国農業家を中心としたアンケート調査（モニター1060人、回答者771人）において69％の人が決議違反と断定、決議を遵守しているとしたものは7％に過ぎなかったとする記事を掲載する。

農業者が怒るのは当然である。

農産物の関税譲許表をもとにした小冊子には全品目にわたる関税撤廃、削減などの項目があって、それを読んだだけでは、聖域の重要5品目にあたるかどうかさえ、よほどの専門家でないとわからない。ましてやその影響試算については農業経済学の専門家ですら予測が難しい分野である。

はっきり言えることは、重要5品目の分野が586品目あり、そのうちに関税が撤廃されるものは174品目、残りは関税が削減されるものなので、それだけでも約3割は「聖域は守れなかった」と断定できる。

かつて、私は農水大臣を辞めてもまだ与党で衆議院農水委員会の委員長をしていたので、農水省に「TPPで関税撤廃が実現されたとして、海外から入る安い輸入農産物によって国内の農産物の生産が減少すると予測される数値」を試算させたことがあった。

それによると、TPPで関税撤廃になった品目である鶏肉は990億円、これまでも物価の優等生と言われていた鶏卵1100億円、落花生120億円、農林水産物合計約3000億円

●農産物品目別セーフガードは全て期限付き

牛肉	16年目以降4年間連続で発動されなければ廃止
牛ほほ肉など	16 年目以降4年間連続で発動されなければ廃止
豚肉	豚肉12年目に廃止
加工豚肉	加工豚肉12年目に廃止
ホエイのタンパク質濃縮物	21年目以降3年連続で発動されなければ廃止
ホエイ粉	ホエイ粉16年目以降2年連続で発動されなければ廃止
オレンジ（12/1～3/31に輸入されるもの）	8年目で廃止
競走馬	16年目で廃止

TPP第二章 日本国の関税率表：付録B－1 農産品セーフガード措置から作成

の生産減となっている。

ところがTPP合意後に出した農水省の試算では、関税撤廃は同じ条件なのに「影響は軽微」とだけ書いて何故そのようなことが言えるのか、それ以上の説明が何もない。

鶏肉、鶏卵については新聞等でもほとんど報道されないので、関税撤廃になったら深刻な打撃を受けることは間違いないが、そのこともあまり知られていない。

私も大臣時代に鳥インフルエンザ対策で京都、鹿児島、宮崎の養鶏農家、ブロイラー農家とも親しく話させていただいたが、当時、ほとんどの経営者が輸入の飼料ばかりでは赤字になるので、それぞれに工夫を凝らして自家配合するなど、血の滲むような努力をしていた。

いずれ、私達の食卓にも、米国などから輸入した、成長ホルモン入りの飼料をふんだんに食べさせられた鶏肉が並ぶようになるだろう。

特に鶏卵については心配している。

日本がかろうじて、鶏卵の自給率50％を維持できてきたのは、昔から朝食に「卵かけご飯」として生卵を食べる習慣があるからだと言われている。

ところが卵を生で食べるのは日本だけで、今回のＴＰＰ協定の第8章「貿易の技術的障害（ＴＢＴ）」では、食の安全についてはコーデックス基準に従うようになっている。

コーデックスでは卵などの生食はサルモネラ菌が人の健康を害する恐れがあるとしてその流通は禁止されている。

いずれ日本でも「卵かけご飯」が食べられなくなる日も近い。

◉ミカン、リンゴなどの果樹農家は深刻な打撃を受ける

今回の大筋合意で、最も驚いたのはミカンの産地（愛媛県、和歌山県、長崎県）、またリンゴの産地（長野県、青森県）などの果樹生産地の生産者たちではなかったろうか。

今回のＴＰＰ交渉では果樹には関係ないと大半の農家が思いこんでいて、政権与党の自民党の部会でも取り上げることはなかった。

しかし、関税譲許表によれば現在、6～11月の間は16％、12月～5月の間は32％と設定されている関税は、6～8年目には撤廃されることになっている。

佐賀県の唐津市で農業を営みながら作家活動を続けている山下惣一氏の言葉は重い。

「政府はかつて莫大な補助金を付けて山を切り開いてミカンを植えさせた。私もそうしたが1991年オレンジの自由化で、私の集落でも100戸あったミカン農家は我が家も含めて3戸になってしまった」

ミカンは現在国内の生産は86万トンだが、すでに米国やオーストラリアなどからの輸入も12万トンあり、最近では、ミカン収穫期でもカリフォルニアから、高級な品種のオレンジがスーパー成城石井などに並べられるようになっている。

それだけではない。生果としてのミカンは86万トンだが、生果商品にはできずジュースなどの加工用となるミカンも100万トンあり、この両方が成り立って初めてミカン農家の生計が成り立っていることを忘れてはならない。

TPPではオレンジ果汁についても、現在「21・3%～29・8%もしくは23円／kgのうちの高いほう」と設定されている関税が、段階的に6～11年目に撤廃されることになっているが、そうなったらミカン農家には深刻な影響が出てくることは確実だ。

同様なことはリンゴ農家にも言える。リンゴの関税は現在17%だが、それを11年目にゼロ、つまり関税が撤廃される。リンゴ農家は生果として74万トン生産しているが、日本のリンゴは品質が最高だから輸入物には負けないと思い込んでいる人も多いだろう。しかし、最近ではニュージーランドからの高級リンゴが出回っていて売れ始めている。

日本のリンゴの品質の優位性も、関税ゼロの安くて質のいい輸入リンゴにはかなわないかもしれない。

ジュースも関税が撤廃されて格段に安いものが輸入されたら、リンゴ農家にしても、ミカンと同様に大変な打撃を受けることになる。

これを見ていただきたい。

2015年11月7日の「信濃毎日新聞」の1面トップに「県産リンゴ4割116億円減」「豚肉7割減」「肉牛6割減」とTPP品目別影響についての県農協グループの試算が大きく掲載されている。

信濃毎日新聞　2015年(平成27年)11月7日　土曜日

信濃毎日新聞

県産リンゴ4割116億円減

TPP品目別影響　県農協グループ試算

豚肉7割減　肉牛6割減

あす初日　九州場所

「南シナ海」G20で提起へ

首相　米と連携　中国反発必至

11月7日(土)

天気

2015年11月7日の「信濃毎日新聞」の1面トップ。「県産リンゴ4割116億円減」との見出しが踊る

今回の加工品、調製品についての関税撤廃は、ミカンやリンゴ農家だけの問題ではない。

豚肉、牛肉のハム、ソーセージ、酪農における乳製品、ことにバター、チーズ、砂糖等甘味資源にも大きな影響が出てくる。

蟻の一穴になりかねないと心配している向きもあるようだが、実際にはもっと大変な状況になりかねない。

かつて生糸は日本の代表的な輸出品であったが、絹織物の関税を撤廃したら、東南アジアなどから安い絹製品がドッと入ってきて瞬く間に生糸の生産は採算が合わなくなって養蚕農家は壊滅してしまった。

私達はこのことを忘れてはならない。

◉韓国に次いで日本の畜産業の7割は廃業することになる

私も若いころ牧場を開き、年間で牛400頭、豚8000頭ほど出荷した経験があるので、最も影響を受けるのは畜産ではないかと個人的にも気になっている。

先述したUSTRのカトラー代表補に「日本に米韓FTA以上のものを求める」と言われて韓国に行った時、養豚業界会長にもお会いしたが、すでに韓国の養豚業者の7割は廃業を決意していると言われた。

最近、韓国の生協幹部にお会いすることができたので、韓国の現状を尋ねたところ「韓国で焼肉を食べに行ってもすべて米国産の牛肉で、野菜の8割は中国産で、コメだけが韓国産です」と語っていた。

TPP協定では、牛肉の場合、関税は現在の38・5％から、まずは27・5％まで引き下げられ、さらに段階を追って15年後には9％まで関税を減少させることになっている。一応、畜産農家への打撃を緩和するため、輸入が急増した際に関税を引き上げる緊急輸入制限（通称：セーフガード）は認められてはいるものの、基準量が高めに設定されているので事実上発動されることはありえないと思われる。また、4年間発動しなければ二度とセーフガードは発動できない規定になっている。

「松阪牛」などのブランド和牛は、当面はさしたる影響はないと思われるが、それ以外の和牛、そして「交雑種」と呼ばれて乳牛の子供を肥育して出荷しているところはかなりの影響が生じてくる。

東京大学の鈴木宣弘教授の調べによると、現在日本では、輸入牛肉は1キロ当たり504円だが、38・5％の関税が上乗せされて698円で売られていることになる。それが関税9％になると549円になり、価格が149円も下がってしまう。それではよほどのブランド品でなければ太刀打ちできない。関税減に伴う肉牛の生産額は3262億円減るとしている。

現在、牛肉についてはマルキン制度と呼ばれる補てん金制度があるが、その財源は牛肉の関

●TPP牛肉セーフガードの実態

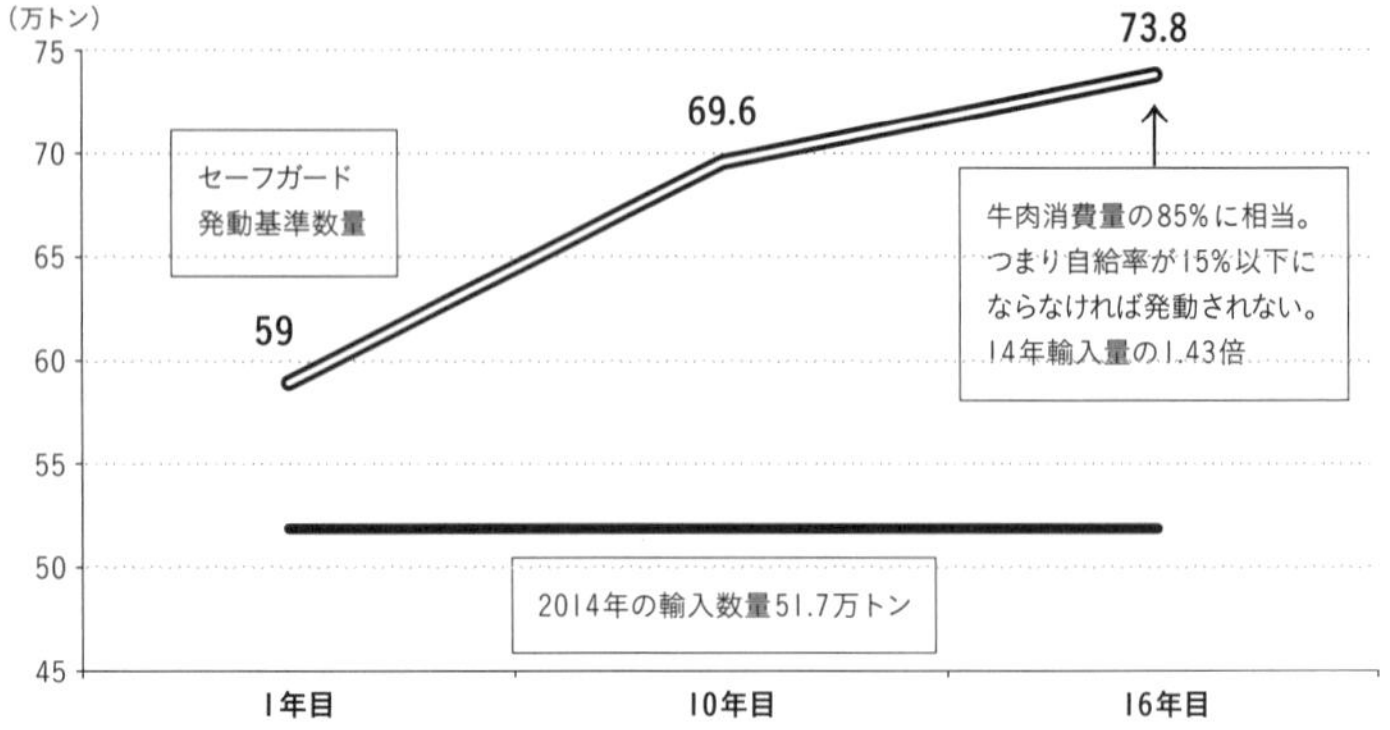

牛肉消費量は14年の生産量+輸入量。出所は農水省資料

税38・5%その額1100億円から賄っていたが、関税9%になるとその大半が消えてしまうことになる。

また、日本は米国から牛肉を18・6万トンも輸入しているが、今回のTPPでは、日本からの和牛の輸出に対しては、米国はわずか200トンの低関税枠しか認めておらず、枠外については26・4%の関税をかけたままなので、あまりにも不平等である。

いったい甘利前担当大臣はどのような交渉をしていたのか。こんな状態で「TPPで日本の農産物は海外に打って出ていくことができる。強い農業になる」とよく言えたものだ。私には国民を騙しているようにしか見えない。

私の若いころからの牛飼い仲間がまだ各地で頑張っているが、悲しいことに皆が「こうなったら何時辞めるか時間の問題だ」と覚悟している。

こんなに悔しいことがあるだろうか。

豚肉についても同様のことが言える。

差額関税制度は残したと、政府は誇らしげに説明するが、豚肉の安い部位については1キロあたり482円の差額関税が10年で50円まで下がってしまう。ロースなどの高級部位についての4・3％の関税もゼロになる。

豚肉の関税制度はあまりにも複雑なので一概に言えないが、私の聞いているところでは、1キロあたり546円で入ってきたものがこれからは329円で入って来ることになるので、218円つまり従来比約40％安い豚肉が入って来ることになる。豚肉は、牛肉のように肉品質において米国産などと差別化することは、容易ではない。

それに、豚肉の細切れなどの調製品についてもこれまで20％と比較的高い関税がかけられていたが、それもなくなって、ハム、ソーセージなどの加工品の関税もなくなれば国内産の〝裾もの〟のはけ口がなくなってしまう。これでは到底やっていけない。

何万頭も肥育する大規模養豚業者は別としても、大半の業者は2000頭規模の中小業者で、今でさえそのほとんどが実際には赤字経営に陥っている。

JA茨城県中央会は独自にTPPに伴う影響額を試算して、県内産出額375億円に対して

224億円の生産額が減少、養豚農家の約6割が倒産することを予測している。日本養豚協会では、TPPに伴う生産減少額として4141億円を試算している。

こうして、国内の養豚業者がいなくなったら、成長ホルモン〝ラクトパミン〟を食べて育った危険な豚が大々的に日本市場を席巻することになる。

米国では、出荷前の豚に数週間にわたって、成長促進と赤身増加のためにラクトパミンを餌に混ぜる。その副作用で、歩行異常、震え、過活動、ひづめの障害、呼吸困難、貧弱死などが起こるとされ、EUや中国、ロシアではラクトパミンの使用が禁止されている。

中国上海では、ラクトパミン配合の餌で育った豚肉を食べたことによる中毒被害が報告されているにも拘わらず、日本では米国FDAの残留基準は妥当であるとしてそのまま輸入を継続している。

このようなアブナイ豚肉を〝野放し〟にする一方で、国産豚肉が消えていくことになって、日本は本当に大丈夫なのか。

◉砂糖、甜菜などの作物も危機的状況になる

沖縄、鹿児島、南西諸島に行くとどこまで行ってもさわさわとサトウキビ畑が広がる。絶え

ず台風に襲われる島にとって重要な農産物だ。

各島には小さくてもそれぞれに製糖工場があって、他に代替作物もないままに今日までサトウキビが主産業だった。

もしも、それがなくなったら、どうなるだろうか。

なにしろ、今回のＴＰＰでオーストラリアは日本の２００万トンの砂糖の需要を新しい市場として狙っている。

ＪＡおきなわの新垣仁清前会長にお聞きしても、「政府から今回は安心してくれと言われているのでかなり楽観視している」と答えが返ってきた。製糖業界もそうだ。

北米自由貿易協定（ＮＡＦＴＡ）後、メキシコと米国の間で関税をめぐって激しい砂糖戦争が起こった。ＷＴＯのパネル（紛争解決のための小委員会）に持ち込んでの争いをしてもメキシコの主張は通らず、関税は撤廃。メキシコのサトウキビ生産者はアメリカから入ってくる安い砂糖によって経営が成り立たなくなって、多くが廃業に追い込まれた。

私はそのことを思い出して心配であった。日本のサトウキビ、甜菜は糖価調整制度によって、砂糖を輸入する製糖業界が輸入量の割合によって国内産サトウキビを抱き合わせで高く購入させている。いままで、その金額が生産者の補てん金に充てられてきた。

その糖価調整金会計も、私が農水副大臣の時には７００億円の累積赤字を計上していて、再調整のために宮古島などに生産者の意向を聞きに行ったことがある。結局、赤字分は製糖業界に負担してもらった。

現在この糖価調整制度自体がＷＴＯではすでに問題になっている。おそらくオーストラリアなどがパネルに訴えたら日本は敗訴するだろう。

政府は現在「糖価調整制度は残すことができた」と言っているが、ＴＰＰはこれまでのＷＴＯのように国対国の争いではない。ＴＰＰのＩＳＤ条項は投資家対国家との紛争で、オーストラリアや米国などの砂糖を輸出する会社から日本政府が訴えられることになる。日本が相手にするのは巨大な多国籍企業となり、そうなれば糖価調整制度はもろくも崩れてしまう。

それだけでなく、今回ＴＰＰ協定で「砂糖は守られた」どころか、高糖度の原料糖（99・3度未満）は1キロあたり21・5円の関税を撤廃してこれまでの調整金も減らすことになっている。しかもココアの粉に砂糖を混ぜるなどの加糖調製品には低関税枠を設け、大幅に関税を下げることになっている。

今ですら生産者に回す調整金は累積赤字なのに、政府はこれでサトウキビ生産者に「軽微な影響にとどまる」と言えるのだろうか。

◉農畜産業振興機構（通称＝エイリック）は農家のための価格調整ができなくなる

このような砂糖の糖価調整制度を実際に行っているのは国ではない。独立行政法人農畜産業振興機構が行っている。

農畜産業振興機構は砂糖だけでなく、野菜の価格調整も行っている。野菜などは天候次第で凶作となって価格が暴騰して、消費者が野菜を買えなくなる場合があれば、逆に取れ過ぎて出荷すればするほど農家の赤字が増える場合もある。

そのような場合、野菜生産者にも一部負担させながら国が負担して価格の安定を図るが、これを実施する役割もある。

また、農畜産業振興機構とあるように、牛肉、豚肉など畜産物の価格安定制度も同様に行っている。

例えば、国産の安全安心な肉をこれまでのように私達が食べることができるようにするには、国際的な飼料の高騰、為替相場の変動など、経営努力だけではどうしようもない場合が生じる。

このような時には、日本だけでなく、米国、カナダなどほとんどの国が生産者にそれなりの価格安定のための助成金を出して、継続的な安定生産を続けることができるようにしている。

ところが今回のＴＰＰ協定では第17章に「国有企業及び指定独占企業」の章が設けられてい

て、これまでのように独立行政法人だからといって、政府が自由に農産物の価格設定のための補助金を出すことができなくなる（第6章で詳しく後述する）。

2016年2月16日付け「日本農業新聞」の記事を読んでいただきたい。「米国会議員67人が書簡」「豚マルキン待った」と題されたものだ。

市況データサービス
詳しくは日本農業新聞ホームページ（e農net）で
http://www.agrinews.co.jp/
THE JAPAN AGRICULTURAL NEWS
日本農業新聞
2016年 2 16
米国会議員67人が書簡
豚マルキン「待った」
TPP議会承認に影響
食の魅力で誘客
洋服・雑貨店 店頭に米やジャム

豚マルキンの法制化に待ったをかけた米国連邦議員たちの記事。16・2・16の日本農業新聞より

「米国連邦議会の議員67人が、環太平洋連携協定（TPP）対策の養豚経営安定対策事業（豚マルキン）の拡充に対して、見直しを求める書簡を佐々江賢一郎駐米大使に送ったことが分かった。豚マルキンの拡充により、米国などが交渉で勝ち取った豚肉の関税削減効果が薄れ、米国議会でのTPP承認にも影響すると主張している。日本でのTPP関連法案の審議を前に、豚肉業界の意向を受けた議員が不満を伝える狙いがあるとみられる。日本国内で反発が出てくるのは必至だ。」

通商政策を担当する下院歳入委員会のティベリ議員（共和党）らが署名した書簡には、豚マルキンが『日本の豚肉生産を人為的に刺激し、米国が交渉で得た利益を減らす』と指摘されている。

豚マルキン制度とは豚肉価格が輸入の豚肉に押されてコストを割るような場合に、その差額の90％を補てんする制度で、先述したようにTPP協定によって豚肉1キロ当たり482円の関税が50円になった場合の養豚農家を救うために、政府は先の通常国会にTPP関連法案のひとつとして提出している。

ところが、さっそく米国が「豚マルキンは、日本の国内での生産を人為的に刺激するもので米国が交渉で勝ち得た利益を減らすもので許されるべきではない」と主張してきた。豚マルキン制度があったら、自分たちの利益が減ってしまう。日本の養豚農家が潰れようが知ったことではない、ということだ。

しかも、米国の場合、連邦議会の議員書簡は日本の国会決議なみに影響は大きいと言われている。記事にもあるように「米国連邦議会の議員67人が、環太平洋連携協定（TPP）対策の養豚経営安定対策事業（豚マルキン）の拡充に対して、見直しを求める書簡を佐々江賢一郎駐米大使に送った」ことは我々日本人が思う以上に重い意味を持つ。

TPP協定第17章第6条、7条には次のように記載されている。

○非商業的な援助（第17・6条）及び悪影響（第17・7条）

締約国は、自国の国有企業に提供する非商業的な援助によって、同種の物品又はサービスの同一の市場における価格を著しく押下げる等、他の締約国の利益に悪影響を及ぼしてはならないこと等を規定

右の条文によれば、「締約国は、自国の国有企業に提供する非商業的な援助によって、同種の物品又はサービスの同一の市場における価格を著しく押下げる等、他の締約国の利益に悪影響を及ぼしてはならない」とされている。

そうなれば、「マルキン制度」によって日本政府が自国の養豚業者を救済することは、これから日本の豚肉市場で利益を得ようとする米国の養豚業者の非関税障壁になる。

米国のアグリビジネスは貪欲である。

覚えているだろうか。昭和39年5月、日本がレモンの関税をゼロにして自由化を図った時のことを。

当時、広島県を中心として瀬戸内で国産のレモンを1個50円で自給できていた。ところが自由化になるとサンキストレモンが1個10円以下で日本に輸出されてきた。瞬く間に日本のレモ

ン農家は破綻した。

当時、農水省もレモン農家に「転作奨励金」を出してレモンの木は次々に切り倒された。その後、サンキストレモンは1個100円で日本に輸出を始めたのだった。

米国の養豚ビジネスもそれくらいのことを考えているのではないだろうか。

仮に、日本が国会で豚のマルキン制度の法案を成立させたとしても、米国の企業がISD条項で日本政府を訴えたら、これまでの例からして日本政府は莫大な賠償金を支払わなければならなくなるだろう。

◉日本の酪農は経営が成り立たない状況が予測される

2015年7月、ハワイ・マウイ島でのTPP閣僚会議はこれで大筋合意になるかと緊迫した雰囲気だった。

ところが土壇場になって決裂、当時の甘利担当大臣がニュージーランドのティム・グローサー貿易相を名指しで非難した。あたかもニュージーランドが酪農製品について過大な要求をしたがために交渉は決裂したと言わんばかりに。

実際には自動車の部品の調達率の問題で、メキシコとカナダが日米合意の内容が不服だとして会議は止まってしまっていたのだが。

その後、アトランタで急遽合意に至ったが、合意の裏には乳製品についてのニュージーランドの要求を日本の甘利担当大臣がそのまま受け入れてしまったことにあった。

ニュージーランドの輸出品に占める割合は約3割で、その中でもチーズの関税撤廃を日本に強く求めていたが、それがそのまま通ってしまった。これによって日本の牛乳50万トンの行き場がなくなってしまったことになる。

日本の酪農は現在でも約半数の経営体が赤字に陥っていて、年に6％の酪農家が廃業に追いこまれている。

今回踏み切ったチーズ、バターなどの調製品の関税撤廃では、特に北海道の加工原料乳の行き場がなくなってしまう。

それに、今の酪農経営では副産物である乳牛の子牛を肥育用として売却することで収入の2割を占めているが、今回の牛肉の関税の大胆な削減で肥育業者の経営が厳しくなって廃業に追い込まれるだろう。そうなれば肥育用子牛を買ってもらえる相手がなくなっていくことになる。

政府は加工原料乳1キロ当たり10円を補てんするだけで、その後に生クリームを補給金制度の対象にすると言い始めたが、そのようなことでは対策にはならない。

先日、民主党のＴＰＰ検討委員会に酪農政治連盟の面々が見えているところをビデオで見せてもらったが、「あとは政府にすがるしかないのです」とまさに泣き面だった。かつて私も酪農家から生後1週間の「濡れ子」を買い取って肥育をしていたから、彼らの苦しさは本当によくわかる。

このまま乳製品についてすべての関税が撤廃されたら、日本から酪農農家が消えていくことになり、成長ホルモンＩＧＦ－1が過剰に入った乳製品を食べなければならなくなる。

米国などの酪農家は、モンサントが開発した成長ホルモンｒＢＧＨを乳牛に注射すれば、乳量が20％増えるとして盛んに使っている。しかし、ｒＢＧＨを注入された乳牛は、過剰なＩＧＦ－1を含む牛乳を出すことがわかっている。このＩＧＦ－1については1998年にはランセット誌やサイエンス誌で「ＩＧＦ－1の血中濃度の高い男性は前立腺がんの発生率が4倍、女性では乳がんの発生率が7倍」という研究論文が発表されている。勿論、日本もＥＵもｒＢＧＨの使用を禁止している。

これらの成長ホルモンが使われた乳製品は、最近ではウォルマートなどの米国のスーパーでさえ、販売を取りやめるところが続出していると言われている。

ところが、鈴木宣弘教授の指摘によれば、日本では税関の入管手続きを素通りして、スーパーの店先に並んでいると言う。怖い話である。

ＴＰＰ協定が発効したら、日本の食品の基準をコーデックス委員会の決定に合わせなければならなくなる。そうなれば、ますます日本では成長ホルモンについての規制ができなくなる。

◉廃業する農家への支援金を韓国では出しているのに、日本政府は出さない

今回のＴＰＰの協定署名を受けて、私がお会いした農家、肉牛・養豚・酪農などの畜産農家は誰でも深刻に受け止めている。

「これで廃業せざるを得なくなった。息子を跡取りとして一緒にやってきたが、もう就職先を探させることにしたよ」といった言葉をよく聞くようになった。

前述したように、私も若いころ夢を抱いて牧場を開き、牛４００頭、豚８０００頭など繁殖から肥育と手広くやっていたことがあった。折からのオイルショックで餌代金が倍になって、肉牛の価格が半分に下がったこともあった。現在のようなマルキン制度（価格安定制度）はまだなかった。

農協も運転資金を貸してくれない。滞納があるからと言って飼料も止められた。それでも生きた牛がいて餌をやらなければ死んでしまう。

私はやむを得ず熊本の天草に出かけて、スリーボンドの発酵菌を分けてもらって、ノコ屑と米糠、それに牛の糞をかき集めて発酵させて餌にして急場をしのいだことがある。

私の当時の負債額は4億円、あまりにも大きい額だった。廃業を幾度となく考えたが、親戚に連帯保証人になってもらっているので、破産手続きもできない。新聞を開くと私の知人の養豚農家の自殺の記事が載っていた。

今でも、当時を思い出すと身につまされる。

現在の畜産農家も、ほとんどが2億円から5億円の負債を負わされている。廃業を口にしても簡単にできるものではない。

米韓FTAで豚肉が10年で、牛肉が15年で関税を撤廃することになり、韓国では農家への廃業資金を5000億ウォン（日本円で600億円）用意した。日本の農水省は「廃業支援は現在も無いし、将来も考えていない。国の総合的なTPP対策要綱でも競争力をつけ、生産を行っていくための充実はあるが廃業については想定していない。韓国は米国との競争力の関係でそのような廃業支援を考えたかもしれないが、それは韓国の事情」と木で鼻をくくったような話しかしない。

私は提案したい。

ほとんどの畜産農家は農協を通じて農林中央金庫から借入をしている。その際に各県の農業信用基金協会の保証を付けている。基金協会はこのような場合に備えて農林漁業信用基金に保険をかけている。

現在の制度では、畜産農家の支払いが不能になると基金協会が代位弁済し、基金協会は農林漁業信用基金から回収する。

それでも基金協会が損失する部分、5％から20％については農林中央金庫が債権放棄すればいいのではないだろうか。

何せ農林中央金庫は農業、漁業者から預かった預貯金を国債などに運用し、2015年は年間3000億円以上の利益を計上している。

現在はそこまでいかないにしても、日本を代表する大手電機メーカー、シャープの再建に銀行が国の指導で2000億円の債務を債権放棄する話もあった。財務省が厳しくて、TPPの対策廃業支援金が出せないなら、法律を整備して「モラトリアム」はぜひとも必要である。

余談だが、これは、私が大臣時代にやりたかった仕事で、米国などにも農業者の破産については特別法が規定されている。

◉すべての農作物がいずれ関税撤廃になることに日本は合意

前述したように、TPP大筋合意の次の日から政府は農業問題だけを日本の「TPP協定第

2章商品アクセスの附属文書関税譲許表」に従って発表した。

それをもとに仔細に調べていくと、この農産物に対する関税撤廃、削減の内容は2014年4月にオバマ大統領が来日して、その夜、安倍総理と銀座のすきやばし次郎で会食した時にはすでに決まっていたとしか思えない。安倍オバマ会食の翌日の読売新聞朝刊1面トップに「農産物の関税基本合意」、「牛肉は15年で9％」と報道されていたのだ。

今その新聞を読み直すと今回の政府発表と全く同じ内容である。安倍総理は寿司職人が握った寿司を食べながら、日本の農業を売ってしまう話を、オバマ大統領と握ってしまったのだ。

当時、私は米国パブリック・シチズンのローリー・ワラックさん、ニュージーランド、オークランド大学のケルシー教授から、「日本は農産物ではすでに合意ができたとの報道があるが本当か」と聞かれて、内閣府に問い合わせたら「読売新聞は誤報である」とはっきり述べていた。

政府は国民を平気で騙してきたのだ。

政府の言う農産物の聖域重要5品目について、誰が検討しても国会決議が守られていないことは明らかである。

以前から私が気になっていたコメの関税についても大変なことがTPP協定文に書かれていることが分かった。

Article 2.4 : Elimination of Customs Duties

1. Except as otherwise provided in this Agreement, no Party may increase any existing custom duty, or adopt any new custom duty, on an originating good.
2. Except as otherwise provided in this Agreement, each Party shall progressively eliminate its custom duties on originating goods in accordance with its Schedule to Annex 2-D (Tariff Elimination).
3. On the request of any Party, the requesting Party and one or more other Parties shall consult to consider accelerating the elimination of custom duties set out in the Schedules to Annex 2-D (tariff Elimination).

この部分を日本語に訳すと

第2・4条関税の撤廃

1．いずれの締約国も、この協定に別段の定めがある場合を除くほか、原産品について、現行の関税を引き上げ、又は新たな関税を採用してはならない。

2．各締約国は、この協定に別段の定めがある場合を除くほか、原産品について、附属書二－D（関税に係わる約束）の自国の表に従って、漸進的に関税を撤廃する。

3．いずれかの締約国の要請に応じ、当該要請を行った締約国及び他の一又は二以上の締約国は、附属書二－D（関税に係わる約束）の自国の表に定める関税の撤廃時期の繰上げについて検討するため、協議する。

となる（TPP分析チーム、農民連国際部副部長の岡崎衆史氏が担当）。

どう読んでも、この協定に別段の定めがない場合には、関税を撤廃することになっている。もともと、TPP協定は、ニュージーランド、シンガポール、ブルネイ、チリのP4の原協定から関税撤廃で始まっており、米国がそれに飛びつき、日本が交渉参加を話し合う時にも関税撤廃がそもそもの条件だった。

それを安倍総理が、重要農産物については聖域が認められることを確認できたので交渉に参加すると言い出して2013年3月に交渉参加したはずだった。

今にして思えばその時から、安倍総理は国民を騙していたのだ。

●日本がこれまで結んだEPA（発効済みのもの）の「除外」「再協議」品目

発効年月	EPAの相手国・地域	除外等	再協議
2002年11月	シンガポール	米麦、米麦調製品、指定乳製品、牛肉、豚肉、鶏肉、砂糖、パイナップル(缶詰等を含む)、でん粉、合板、かつお・まぐろ、水産IQ品目	
2005年4月	メキシコ	米麦、米麦調製品、指定乳製品、でん粉、合板、くろまぐろ、さば	パイナップル、砂糖
2006年7月	マレーシア	米麦、米麦調製品、指定乳製品、牛肉、豚肉、パイナップル（缶詰等を含む）、でん粉、砂糖	大豆油、ショートニング、さわら、合板
2007年9月	チリ	米麦、米麦調製品、指定乳製品、でん粉、砂糖、チョコレート、水産IQ品目	チーズ、オレンジ、合板、大西洋さけ、あわび
2007年11月	タイ	米麦、米麦調製品、指定乳製品、牛肉、サゴでん粉、水産IQ品目	豚肉、砂糖、カッサバでん粉、合板
2008年7月	インドネシア	米麦、米麦調製品、指定乳製品、牛肉、豚肉、でん粉、砂糖、水産IQ品目	合板、かつお・まぐろ
2008年7月	ブルネイ	米麦、米麦調製品、指定乳製品、牛肉、豚肉、でん粉、パイナップル(缶詰等を含む)、砂糖、水産IQ品目	大豆油、合板
2008年12月	ASEAN	米麦、米麦調製品、指定乳製品、牛肉、豚肉、砂糖・砂糖調製品、でん粉、パイナップル（缶詰等を含む）、合板（熱帯産木材のうち関税が10%のもの、熱帯産木材以外のもの）、かつお・まぐろ、水産IQ品目	
2008年12月	フィリピン	米麦、米麦調製品、指定乳製品、サゴでん粉、水産IQ品目	牛肉、豚肉、精製糖、カッサバでん粉、合板、粗糖
2009年9月	スイス	米麦、米麦調製品、指定乳製品、牛肉、豚肉、鶏肉、雑豆、落花生、大豆油、菜種油、砂糖、でん粉、パイナップル	
2009年10月	ベトナム	米麦、米麦調製品、指定乳製品、牛肉、豚肉、鶏肉、雑豆、落花生、パイナップル缶詰、砂糖、でん粉、水産IQ品目	かつお・まぐろ（除外を含む）
2011年8月	インド	国家貿易品目(米麦、米麦調製品、乳製品)、牛肉、豚肉、鶏肉、雑豆、砂糖、でん粉、合板、いか、いわし、かつお・まぐろ	
2012年3月	ペルー	米麦、米麦調製品、乳製品、牛肉、雑豆、砂糖、でん粉、落花生、合板、するめいか、ほたてがい、さば、あじ	
2015年1月	オーストラリア	米、落花生油、トウモロコシ油、ショートニング、砂糖菓子、キャンディー類	食糧用小麦、バター、脱脂粉乳、一般粗糖、精製糖、合板、めばちまぐろ、びんながまぐろ

●米国がこれまでに結んだFTAの除外項目

発効年月	FTAの名称	除外
1994年1月	NAFTA（米国、カナダ、メキシコ）	（米国とカナダ間）米国＝乳製品、ピーナッツ、砂糖、綿 カナダ＝乳製品、家禽肉、卵、マーガリン （カナダとメキシコ間）両国ともに、乳製品、家禽肉、卵、砂糖
2005年1月	米豪FTA	砂糖、ブルーチーズ、シロップ（米国側）
2012年3月	米韓FTA	米と米調製品（韓国側）

農水省の資料から作成

それではこのTPP協定に「別段の定め」除外例でもあるのだろうか。

岡崎氏に原文にすべてあたって調べていただいた。

どこにもそのような規定は見つからない。

私達はさらに、これまでの日本が農産物について進めた外国との交渉、条約、関税について調べることにした。

通商貿易の世界各国がテーブルについている大原則のWTOでは、それぞれの国の食料安全保障を認めているので、食料については特別扱いとなり、関税撤廃についての交渉義務はあり得ない。


2014年7月に調印し、2015年1月に発効した日豪EPAにおいても撤廃ではなく削減となっていて、コメ、食料小麦、バター、脱脂粉乳などは「除外」として認められている。

米韓FTAにおいても韓国の関税譲許表では「関税に関わる義務を適用してはならない」とあって、「別段の定め」として「除外」が設けられている。

他にも日本がこれまで締結したEPA、FTAすべてにあたったが、右の別表の通り、別段の定め、除外例がないのは、このTPP協定だけである。

折から新聞各紙も7年後に農産物の関税について再交渉がなされることを大きく報道した。

東京新聞
2016年（平成28年）2月2日（火曜日）
TPP協定案 弁護士ら分析
全農産品 関税撤廃の恐れ
除外規定なし 国も認める
関税維持 猶予7年間

2016年2月2日、東京新聞の一面。

政府は再交渉を求められても、「これ以上の農産物についての関税を削減、撤廃することはない」と言い出した。

私はたまたまパルシステムのTPP学習会で、農水省の上席交渉官にお会いしたので直接このことを聞いたところ、例外規定は「関税譲許表」にあるだけだと言うことだけは認めた。

彼は立場上からかコメは守られているとしきりに述べていたが。

このことについて、東京新聞の記者が調べてくれた。

経済産業省、外務省にも問い合わせたところ、確かにこの協定には「別段の定め」がないことを認めたと連絡があった。

翌日の衆院予算委員会で民主党の福島伸享議員が石原伸晃担当大臣にこのことを質問した。

石原大臣は、福島伸享議員の激しい追及に耐え切れなくなって、ついに「逆に言えば7年間は関税は守られている」と答弁して、暗に日本の農産物についてはすべてが再協議の対象になっていて、7年後には関税撤廃の恐れもあることを示唆するような内容になってしまった。

このことを2016年2月4日付けの日本農業新聞もこう書いている。

「民主党の福島伸享氏が、協定発効から7年後に米国などと関税の再協議を行う規定についてただすと、石原伸晃氏は『7年間はコメをすぐ開放しろ、豚肉を全部いれろ、ということがないということだ』と答弁。発効から7年経過後に関税撤廃を求められる可能性を否定せず、7年間が関税撤廃の猶予期間であるととらえられかねない答弁となった」

このことについて、インディペンデント・ウェブ・ジャーナル（IWJ）の岩上安身氏から、コメを含む農産物についてTPP交渉で関税が撤廃されることは、自民党議員皆が知っている公然たる事実であることを教えられた。

2013年5月14日、IWJの取材に応じた大西健介議員が次のように語った映像も現存している。

大西「そうですよ。それはやっぱり日本の農業の体質改善や競争力強化を図りながら、そして緩やかな形で日本の農業の改革を進める中で、関税を撤廃していこうというような基本的な考えを私は持っていますよ。そして自民党の多くの人たちももっていますよ」

（3）20年後の日本の農業はメキシコのようになる

◉コメも含めて20年か30年以内にはすべての農産物が関税撤廃される

ＴＰＰの交渉参加の話があってから6年、私はコメの関税が撤廃されないためにはどうすればいいのか、長い間検討してきた。

日本が初めてＴＰＰ交渉会合に参加した年となる２０１３年の10月8日、朝、長崎新聞を開いたら、各国の首席交渉官の話としてコメも含めてすべての農産物が「最長30年で関税撤廃検討」と大きな活字が躍っていた。

驚いた。

これでは安倍総理が胸を張って、「ＴＰＰ交渉に参加するのは関税撤廃ではなく、日本の重要5品目の聖域が守れるからだ」といったのは嘘だったことになる。

これは当時、全国の地方紙のほとんどが一面トップで報道したに違いない。

残念なことに、当時これについての論評は何もされなかった。

実は２０１３年8月、私もブルネイで開かれたＴＰＰ閣僚会議の時に、マレーシアのジャヤシリ首席交渉官と昼食を共にし、率直に聞いたことがある。

「ＴＰＰで日本のコメの関税は守れますか」

「それはあり得ない。もしも日本がそのようなことを言い出したら、マレーシアも自動車で例外を求めたい。そうなったらこのＴＰＰの交渉は成り立たなくなる。各国ともそのことはよくわかっている」

とジャヤシリ氏は言下に否定した。

それより前に、私はワシントンで米国通商代表部（ＵＳＴＲ）の当時代表代行だったマランティス氏に同様な質問をしたことがある。

長崎新聞

島原城に石列状遺構

TPP
最長30年 関税撤廃検討
重要5項目 対象の可能性

山本（諫早農高）高校新V

長崎くんち 華やか開幕

させぼスター商品 好評発売中

13・10・8の長崎新聞の一面。「最長30年で関税撤廃検討」とある

氏は「コメは7年間で関税撤廃を考えている。セーフガードも用意するからいいではないか」と答えたのを覚えている。

２０１３年4月末にやはりワシントンで、ＵＳＴＲのカトラー氏にお会いした。

当時、日本からのＴＰＰ交渉参加の要請を受けて、90日ルールによる米国議会への通知をする間際だった。カトラー氏はスマホを右手に現れて、会談の途中でスマホを見ながら「あっ今日本の交渉参加を議会に通知しました」と話したのでよく覚えている。

私はストレートに「コメの関税についての例外はないのか」と聞いた。

「コメも長期ステージで、関税を撤廃することになります」

「長期ステージとは何年を考えているのか」と迫ったが答えなかった。

やはり日本はコメを含めた農産物についてもこれまでのような高い関税、輸入割当制度などを撤廃しなければならないことが明らかになってきた。

それでは、その時期はいつになるのだろうか。

思いあたることがある。

私は訪米中、米国の自動車業界のボス、全米自動車振興政策協議会の会長さんに二度お会いしたことがある。米国の自動車業界はＴＰＰに断固反対である。

最初は、いきなり「日本は軽自動車を廃止しろ、これがあるからアメ車が売れないんだ」と言われた。

すでに日本は米国の自動車に関税はかけていない。むしろ米国の方が日本に対して乗用車には2・5％、トラックなど大型車には25％の関税をかけているので、ＴＰＰで関税を撤廃させられることに激しく抵抗していた。

最後に会長が「ＴＰＰで日本がコメの関税を撤廃するなら、考えてもいいが」と言った。

そのとき私は「日本はコメの関税は撤廃できないだろう。米国にとって自動車は大事な産業でこの関税をなくすことなどできないのと同じだ」と感じた。

ところがその後、日米間のＴＰＰ交渉はコメと自動車はセットでなされていると報道されるようになった。

今回の米国の関税撤廃の譲許表では、普通自動車がＴＰＰ協定発効後25年後、大型トラックが30年後となっている。しかも日本が一つでもＴＰＰ協定に反するようなことがあれば、関税撤廃の時期を延ばすことができて、事実上、米国はいつまでも関税を引き延ばすことが可能になっている。

自動車とコメはセット、そうでなければ、あの強硬な米国の自動車業界がＴＰＰに賛成するわけはない。そう考えれば日米間でコメの関税撤廃の時期を25年か30年で密約しているのではないだろうか。

何せＴＰＰ協定では、協定成立後４年間の秘密保持義務が課されている。私には密約があると思えてならない。

◉農産物の関税が撤廃されたら日本の農業はどうなるか

「日本の農業は過保護だから、国際競争力がなくなって、衰弱してきた。これからTPPによって自由化の競争に晒せばショック療法で〝強い農業〟として1兆円の輸出産業になるのだ」と日本経済新聞などメディアは盛んに喧伝している。

そのお陰で国民の多くは、日本の農産物の関税は各国に比べて高いと思い込んでいるが、実際は米国に次いで低い関税で、農産物全体からすれば、既に市場を開放していると言ってもいい状態だ。実際の日本の農業は、ずっと健気に頑張ってきたのだ。

米国はすべての農産物に支持価格制を設けて、1兆円から2兆円を不足払いとして農家に支払い、輸出補助金を1兆円も付けて「食料」で世界を支配するための武器として輸出している。今回のTPPではさらに新たな戦略で小麦、コメの遺伝子組み換えの種子、穀物で加盟国、なかでも日本を標的として輸出を図ることで、自動車産業に代わる重要な産業として位置付けしている。

今回のTPPの日本の関税譲許表では米国から6万トンを市場価格で買い入れることになっているので、農水省が今回の交渉ではコメへの影響はゼロであると農家に説明して回っているのは間違っている。

日本の現在のコメ相場は60キロ9000円から1万1000円ほどで、コメ農家は赤字で苦しんでいるのが現状だ。コメ作りの農家の大半は日本では兼業なので、何とか先祖からの水田を守ってきたところだが、もう限界にきている。ことに集落営農で、20ヘクタールの広さでコメを栽培している農業生産法人は、2015年には2000万から3000万円の赤字を出している深刻な状況にある。

余談だが、私が農水大臣時代にコメ60キロの生産コストを試算させたところ、1万5000円になった。私は米国の支持価格制度のように、1万5000円をコメの岩盤部分としてこれまでの、自民党時代の予算の枠内で、土地改良事業等土木事業予算を3分の1に減額して戸別所得補償制度を設けた。

そして、これまでのようにJAを通して払うのではなく、農家の口座に農水省から直接振り込みによる支払いを実現した。

この戸別所得補償で1年後には農家所得が17%増えて、ようやく若者が農家、地方に戻り始めたのに、自民党政権が返り咲くと戸別所得補償も廃止になった。残念である。日本の農業は欧米のように企業ではなく、家族経営が主体で戸別所得補償によって小さな農家、兼業農家を大切にしていかねばならない。

ここで、TPP協定、第2章「市場アクセスの章」4条によって農産物が関税ゼロになったら、米国からカリフォルニア米が市場価格60キロ4000円で輸入されてくることになるだろう。

カリフォルニア米は、私も何回かいただいたが、結構美味しい。ベトナムでもすでにコシヒカリを年に3万トン生産している。ベトナムは1年に3回コメを収穫できて、しかも人件費が日本の36分の1と安い。

そうなればコメが日本に60キロ1000円から2000円ほどで輸入されることになる。現在スーパーで5キロ3000円前後のコシヒカリが、ベトナム産で1000円前後となって売られることになる。最近、友人から聞いた話では、インターネットでベトナム産コシヒカリが5キロ50円で売り出されていたという。

そうなれば日本でコメを作る農家はなくなって、農家がコメを買って食べるよう早晩なってくる。

日本の農地の7割は中山間地帯にあって、地方はどこに行っても青々とした水田があって、山際には整然とした棚田が石積の階段状をなして見事な風景が楽しめる。縄文、弥生時代からコメ作り、稲作が日本の伝統文化を育んできたが、TPPによって安倍総理が言っている〝美しい日本〟の田園風景が消えることになる。

◉北米自由貿易協定NAFTAでメキシコの農業は壊滅した

TPPを知っていただくには、どうしてもメキシコが20年前に米国と結んだ北米自由貿易協定（NAFTA）でメキシコの農業がどうなったかを知ってほしい。

NAFTAに際しては、「主食であるトルティーヤ（トウモロコシの粉で焼いたパン）が安く食べられるようになる」と、ちょうど日本ではアトランタでTPPの大筋合意がなされて「牛肉、豚肉が安く食べられるようになる」と喜んだように、メキシコ国民の多くが賛成していた。

メキシコでは確かに一時的にトルティーヤの価格は下がったが、そのうちに米国の外食産業の資本が参入してきた。それまであった中小のトルティーヤの加工業、販売店、例えば日本でいえば「豆腐屋さん」みたいな店は次々に潰れていった。それにつれてトルティーヤの価格も上がり続けて、ついに8倍にまで上がってしまった。

メキシコ南部にある農業が中心のチアパス州では「トルティーヤが食べられなくなった」として武力蜂起が起こった。それ以来、政府関係者も軍もチアパス州には入れない状態が続いている。

現在ではメキシコに米国から950万トンもの遺伝子組み換えのトウモロコシ〝デントコーン〟が輸出されている。

将来TPPによって、コメを含む日本の農産物の関税を撤廃されたら、日本もメキシコのように、主食を徐々に米国からの遺伝子組み換えのコメに代替させられてしまうのではないかと心配になってくる。

週刊朝日2016年3月11日号に上垣喜寛氏がメキシコを現地取材して書いたレポート「メキシコの二の舞になりかねない日本」が興味深いのでその一部をそのまま引用する。

「一見メキシコは経済大国になったように見えた。だが、その裏で食品輸入が増え、労働の流動化が進み、貧困は拡大。安さを追い求めるメキシコ人の食生活は社会問題化している。

首都メキシコ市から車で約2時間、〝トウモロコシの谷〟と呼ばれるトウモロコシの大生産地がある。ここで約5千人の組合員を抱える〝メキシコ州トウモロコシ生産者組合〟のロベラ組合長がこう語る。

『NAFTAに入るまではどんな変化が生まれるか想像もつかなかった。政府は本当の狙いを隠していた』

トウモロコシの輸入の増加は顕著だ。93年にたった約20万トンだったトウモロコシの輸入量は、20年後には約950万トンまで増加。メキシコの経済誌は、2012年の輸入量の87・9%が米国からの輸入だと伝える。NAFTAで輸入制限枠は定められていたが、発効以来その枠は超え続けている。発効から14年経った08年には、約束通りトウモロコシの関税は撤廃された。

農家からトウモロコシを買い取る仕組みもNAFTA以降で一変。発効の5年後、国内のトウモロコシの買い付けと販売を担ってきた国営食糧公社（CONASUPO）が廃止され、国が買い支える最低価格保証の仕組みが崩れた。『私たちは騙された』とロベラ氏は肩を落とす。NAFTAは農村の景色も一変させた。政府補助が大幅に削られ、農業収入で生計が成り立たなくなった農民たちが出稼ぎに向かった。グアナファト州で農村女性の支援を続ける団体〝セレムバ〟のエベリン代表は、『働き手の男性が米国へ移民し、女性と子ども、老人ばかりになった』と話す。

95年からの10年間で、農村から流出した農業労働者の数は50万人を超える。自由化によって豊かになるというのは幻想だった」

◉農産物の輸出額7000億円に騙されてはならない。生鮮農産物の輸出額は350億円に過ぎない

安倍総理はTPPで日本は世界に輸出できる強い農業を目指すと標榜している。

2016年1月22日の国会での施政方針演説で、「2020年までに農産物の輸出を1兆円に増やす」と、TPPを意識して所信を華々しく打ち出した。

確かに２０１５年の農産物輸出額は過去最高７４５１億円を達成した。それだけをみると日本国民も、生産者も自分たちが実際に生産している農産物が海外で評価されて、売れているのだと錯覚する。

しかし、これは統計上の数字のマジックで事実を欺いているに過ぎない。

実はこの額にはアルコール飲料、加工食品、水産物がほとんどを占めていることが明らかになった。

民進党の農林部門会議座長の岸本周平議員が、農林水産委員会で生鮮農産物についてはその金額はいくらになるのかと質問した。

加藤寛治農水政務官が次のように答えている。

「貿易統計上に生鮮農産物の区別はないが、仮に食肉、野菜、果実などを生鮮農産物と定義すれば２０１５年の生鮮農産物の輸出額は３５０億円になる」

日本の農産物輸出額７４５１億円のうち上位5品目を見てみると、１位・ホタテ貝、２位・アルコール飲料、３位・真珠、４位・ソース、たれ、ドレッシングなどの調味料、５位・タバコとなっている。

その反面、日本の農産物の輸入は、この20年で著しく伸びている。

２０１５年の統計では、６兆５６２９億円となっているので、現在では8兆円を超えていることになる。現在でもカロリーベースで自給率39％しかないが、TPP協定が発効したら、一気に輸入が伸び自給率14％に落ち込んで、私達は米国などの食料に依存して生活することになるだろう。

だが、私達は決して忘れてはならない。1973年、米国はニクソン大統領の時代、異常気象で米国の大豆が凶作になり、同年6月27日、米国政府は大豆輸出の全面的禁止を発表した。

私はよく覚えているが、当時日本では大豆パニックに陥って、全国のスーパーマーケットから豆腐や納豆が消えてしまった。実際の禁輸期間は2、3ヶ月に過ぎなかったが、異常気象がより厳しくなっている現在、何時このようなことが起こらないとも限らない。

TPP協定で、日本国民は米国に生殺与奪の権を握られてしまうことになることを肝に銘じておかなければいけない。

第3章

ＴＰＰで日本の漁業はどう変わるか

日本の入り江で外国船が漁をする?

＊実際の取引は電子入札です

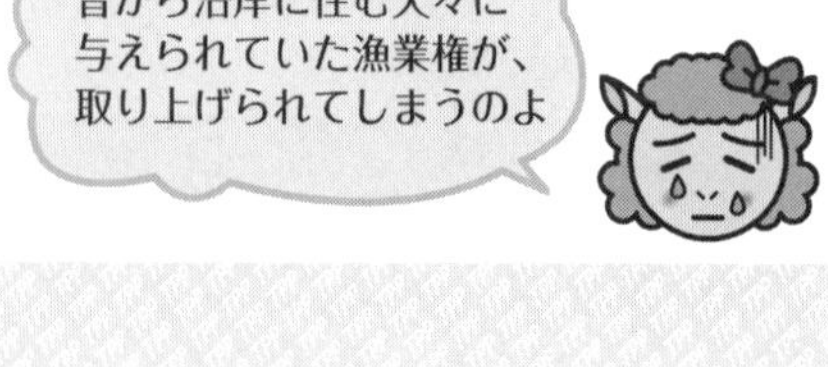

漁業

日本の漁業権に多国籍企業が参入して、
短期間に魚を根こそぎ捕獲されてしまう
可能性もあるよ

TPPで日本の漁業はどう変わるか

◉TPPで、水産業及び関連産業だけで5000億円の生産額が減少する

日本ではTPPで影響があるのは農業の問題としか考えていない人が多い。漁業者も、自分たちに影響が及んでくるとはほとんどの人が考えていない。ところがTPP協定の内容では、むしろ日本にとっては水産関係者にも深刻な打撃を受けることが明らかになってきた。

水産業は、これまでにも農産物の平均11・7％の関税に比べて平均4・1％まで引き下げら

れてきたので、ノルウェー、チリ、ベトナム、中国、韓国などから大量の魚介類が輸入され、かつての水産国日本としての勢いはなくなっていた。

魚価も20年前の半値以下になり、漁船の燃費も3倍以上に上がって、漁業従事者も減少して、ついに日本は水産物の輸入国になってしまった。

それでもＩＱ制度を維持して、曲がりなりにも魚介類の自給率62％は維持できていた。

ＩＱ制度とは、いわば農業におけるセーフガードのようなもので、主要な魚種、アジ、サバ、イカ、昆布等に輸入枠を定めて、それ以上の輸入を禁止してきたが、今回のＴＰＰ協定ではこのＩＱ制度も廃止しなければならない。

つまり、これまでのように輸入に歯止めがかからなくなる。

ＴＰＰ協定第2章市場アクセスの章「関税譲許表」によれば、一部の海藻（コンブ）を除いては即時撤廃、16年かけて撤廃と、いずれすべての水産物が関税撤廃されることになる。

水産庁では関税率が10％以上、10億円以上の生産額がある13種類の魚種について関税撤廃された場合の試算を算出していた。

●境措置撤廃による水産物生産等への影響試算について（品目別）

品目名	生産量減少率	生産減少額	今回の試算の考え方
あじ	52%	110億円	加工向けは置き換わり、鮮度をはじめとする品質面で国産品が優位となる生鮮食品用向けは残る。
さば	33%	240億円	ノルウェーサバなど国産品と品質的に同等の生鮮食用は置き換わり、安価で貿易に適さない加工向けは残る。
いわし	50%	280億円	加工用向けは置き換わり、鮮度をはじめとする品質面で国産品が優位となる生鮮食用向けは残る。
ほたて	58%	490億円	漁獲生産品は置き換わり、ブランド力を有する養殖生産品は残る。
たら	58%	110億円	名まで流通するものが置き換わり、冷凍品が残る。
いか・干しするめ	46%	340億円	加工向けは置き換わり、生鮮食用向けが残る。
こんぶ・こんぶ調製品	70%	190億円	結び昆布・佃煮用途など加工向けは置き換わり、出汁向けは残る。
干しのり・無糖のり・のり調製品	68%	680億円	低品質な業務用製品は置き換わり、贈答用やこだわり品質を求める外食産業用等の高級品向け及び原産地表示を要求される家庭用製品は残る。のり調製品
カツオ・マグロ類	30%	630億円	缶詰のうち下級品と鰹節類が置き換わり、生鮮食用向け並びに高級缶詰が残る。
サケ・マス類	63%	770億円	缶詰のうち下級品と塩蔵品・乾燥品が置き換わり、生鮮食用向け並びに高級缶詰が残る。
ウナギ	64%	240億円	業務用は置き換わり、家庭消費用は残る。
ワカメ	93%	90億円	養殖生産品は置き換わり、輸入品に比べ高品質な漁獲生産品は残る（プレミア品）。
ヒジキ	100%	10億円	品質格差がなく、全て置き換わる。
水産物計		4200億円	

（注）国産水産物を原料とする1次加工品（缶詰等）の生産減少額を含めた。
（資料）農林水産省試算。
（注）この当初試算から、関税削減にとどめた海藻類の生産減少額がかなり減ったとしても、3,000億円を大きく超える損失が見込まれる。

右の表を見て欲しい。生産減少額は4200億円に上る。すべての水産物を試算すればそれ以上になるものと思われる。

これによって、日本の水産物の自給率は62％から45％に落ち込んで、水産業と干物、蒲鉾などの関連産業の生産減少額は4900億円、雇用の喪失は10万3000人と水産庁は予測していた。

私はすべての魚種で試算、関連産業も国産の流通、運送まで入れれば、生産減少額は5000億を超えるのではないかと考える。今回政府が発表している「軽微な影響が考えられる」とはとんでもない話である。いずれ水産業界も深刻な状態に陥ることになる。

◉漁港の整備、漁船の建造資金などの漁業補助金は禁止される

2012年10月、TPPを慎重に考える会（超党派の議員連盟）で、内閣府からTPPについての政府見解のペーパーをいただいた。

日本として危惧しなければならない条項の中に、第20章「環境章」として「フカのヒレ禁止」「漁業補助金の禁止」の項目が並んでいた。東日本大震災にあった宮城県の気仙沼ではフカヒレは一大事業である。

今回ＴＰＰ協定では第20章「環境章」第16条に「海洋における捕獲漁業」としてかなり詳細に書き込まれている。

フカヒレについては、第16条4項（ａ）に「サメ類については種別のデータの収集、漁による混獲の緩和措置、漁獲量の制限及びヒレのみを採取する漁の禁止」とある。

フカ漁の全面禁止は免れたものの、漁獲量の制限と明記されていて長期的な保存義務が課されるようになっている。これまでのように、何の規制もない、無制限のフカ漁はできなくなるだろう。

漁業補助金についてもＴＰＰ協定第20章第16条5項から11項まで厳しく定められている。

日本はこれまで漁港の整備、漁船に関する建造資金の補助金、低利での融資、燃油の高騰した際の助成金などを交付して、何とか安い輸入の水産物に対抗して、日本の漁業を維持することができた。

しかし、ＴＰＰ協定ではそれが簡単にはできなくなる。

漁業補助金については、第20章第16条5項に「締約国は濫獲及び過剰な漁獲能力に寄与するすべての補助金の規制、削減及び最終的には撤廃を含めなければならないことを認める。（中略）補助金を交付し、維持してはならない」と明記されているのだ。

政府は「濫獲及び過剰な」と規制を入れたので、従来通り、漁業補助金は支給できると漁民に説明している。本当だろうか。

確かに文面では「過剰な漁獲」の場合となっているが、それはどのような場合を指すのか、同条同項の注2に「ある魚類資源の水準が最大持続生産量（総量の減少なしに毎年漁獲可能な最大の量）を維持する水準」とある。「最大持続生産量を維持する」となれば、日本におけるアジ、サバ、イカ、鮭などの代表的な魚種ほとんどが過剰な漁獲だと判断されることになる。

それではどこが「過剰」と判断するのかについては「当該漁場を管理している国、又は関連する地域の漁業を管理する機関が入手可能な最良の科学的資料に基づいて認められる」とある。例えば黒マグロの場合、中西部太平洋マグロ類委員会（WCPFC）などが認定することになろうが、そのようなものがない場合には、事実上TPPの環境小委員会で判断することになるのではないかと思われる。

TPPの小委員会は捕鯨禁止のオーストラリア、ニュージーランド、カナダ等で日本の小規模の伝統的な沿岸漁業に理解を示す国は見当たらない。

しかも、各国とも、TPP協定が発効して1年以内には、2年間の補助金を交付した金額、交付した漁業従事者、及び制度の法的根拠、資源量のデータをもとに各加盟国に通知することとなっている。

そうなれば、これまでのように、漁船の建造資金、漁港の水揚げ施設などに対する補助金も自由に日本政府の判断だけではできなくなってしまうことになる。

◉外資系水産会社も〝平等〟に漁業権の入札ができるようになる

さらに気になることがある。

2013年5月、東日本大震災後の仙台市にケルシー教授を迎えて、TPPの講演をお願いしたことがあった。

当時、宮城県の村井嘉浩知事は、「水産業復興特区」を設けて石巻市の桃浦地区の養殖の漁業権を、仙台市の大手の水産会社に与えた。漁業協同組合以外では初めてのことであった。

私は長崎県五島列島出身で選挙区には壱岐や対馬もある。日本は江戸時代以前から、集落ごとに前浜の入会漁業権が慣行として認められていた。今でも各地の集落で漁業権の争いは絶えないほどである。戦後法律で各地の漁業協同組合が、前浜1000から2000メートルの間は共同漁業権として、その行使が認められてきた。

ところが、宮城県は、県が漁業権を漁業協同組合から取り上げて、資金力のある株式会社の企業に譲ったのだ。沿岸の漁民15人は、その子会社に勤めることになった。このようなことが認められていけば、沿岸の漁業者は大手資本のもとに働かされるだけになってしまう。

現在、日本の沿岸漁業者は12万人足らずで、年間平均所得は221万円と農業に比べても低い所得になっている。

それだけならまだしも、TPP協定では、TPP加盟国の水産会社にも、国内の大手の水産会社、沿岸の漁業協同組合と並んで入札が可能ともいわれており、日本の漁業権を外資の水産会社に譲渡する可能性も出てきた。

これまで、日本の漁民が魚種ごとに漁期を定めるなどして大切に資源管理してきた沿岸が、外資系の水産会社に入札されて獲り尽くされたら、日本の沿岸の海はすぐさま荒れ果ててしまう。

私は心配になって、ケルシー教授に聞いた。

「ニュージーランドでは外国も含めて大手の水産会社が操業することによって、沿岸の先住民や漁師さんは自分たちの浜では漁業ができなくなりました」と答えた。

私は、共同漁業権がTPPでどうなるのかをケルシー教授に詳しく調べてもらうことにした。

2013年10月30日にその回答のメールが届いた。

教授からは「日本が沿岸の漁業権を集落に対してのみ許可を与えたければ、『国境を越えるサービスの貿易』の章において『将来の留保措置』として明記しておかなければなりません」と指摘された。

私は心配になってそのメールをすぐに当時の水産庁長官に送った。

ケルシー教授からは、もう一つ大事な示唆をいただいた。

ニュージーランドがすでにそうなってしまったが、日本の沿岸、沖合で外資系の水産会社に操業させないためには、①日本の管理する漁業権の及ぶ海域が領海なのか、200海里の排他的経済水域なのか、TPP協定で明記しておかねばならないこと、さらに②日本の漁業権の割当枠を外資系会社には譲渡、貸し出しもできないことを附属書で明記しておかねば、外資系の水産会社にも「内国民待遇」「透明性の確保」で、日本で操業することを阻止することはできなくなることを指摘された。

TPP協定文書の第10章国境を越えるサービスの貿易章の附属文書Ⅱの日本国の表に「日本国は、領海、内水、排他的経済水域、及び大陸棚における漁業への投資又はこれらの漁業にかかるサービスの提供に関する措置を採用し、又は維持する権利を留保する」とある。続けて「漁業とは水産資源の採取及び養殖事業を言い」と漁業に関連する次のサービスも含まれるとして集魚などを挙げて定義している。

これでケルシー教授が指摘した日本の領海、排他的経済水域での漁業は守られるのだろうか。念のためトーマス・カトウさんにお尋ねしたところ、すぐに返事が来て、「結論から言って、ケルシー教授の指摘は当然のことで附属書Ⅱ漁業及び漁業に付随するサービスでの表の解釈では、日本の領海、排他的経済水域での日本の排他的漁業権は守られていません」とショッキングな内容だった。

Japan reserves the right to adopt or maintain any measure relating to investments or the supply of services in fisheries.

この英文は、日本国が「漁業」を留保したのではなく漁業でのサービス提供に関係する措置を留保したことを意味する。

確かに政府の仮訳でも「漁業への投資又はこれらの漁業にかかるサービスの提供」とあって「漁業」は外されている。

どのような場合が留保されたサービスに当たるかといえば、例えばカナダの水産会社が北海道沖合でサケ・マスを採取して、それを北海道の漁港に水揚げすることができないということだ。これでは大変なことになる。

これからは、領海、２００海里の排他的経済水域で、日本が独占的に行ってきた遠洋まき網漁業、底引き網漁業、養殖漁業、定置網漁業なども、すべてＴＰＰ加盟国の漁民に開放して入札制になることを認めなければならなくなる。そうなれば、資本の論理で利益の最大化を図って、外資系の水産会社は瞬く間に日本が豊かに守り育ててきた漁業資源を捕り尽くしてしまうのではないだろうか。

長い間魚種ごとに漁期を定めて大切に守り育ててきた日本の海も、ニュージーランドのように荒れ果ててしまうことになるのでは。心配である。

揺れる英国 6.23国民投票 現地ルポ（上）

疲弊する地方 離脱の波

「漁業、EUがだめにした」「移民たちが仕事奪った」

経済衰退 噴き出す反発

EU規制に不満強く 中小や飲食 高まる離脱の声

ペルー、国内融和が課題

「挑発あれば任務完遂」 韓国軍、北朝鮮を警戒

「漁業、EUがだめにした」「移民たちが仕事を奪った」との見出しが踊る16・6・11の日本経済新聞の記事。漁場を他国に開放したために起こったことであり、英国のEU離脱の理由の一つ

第4章 食の安全が脅かされる

[redacted]

[redacted]

[redacted]

子どもたちの食の安全が守れない？

アメリカからこんな提案も…

食の
安全
○月×日
日直
いただき
まーす！
残留農薬
遺伝子組み換え
成長ホルモン
放射線照射
MILK

食の安全が脅かされる

(1)TPPで遺伝子組み換え食品はどうなるのか

◉私達の食卓に遺伝子組み換えの鮭が並ぶようになる

政府は、TPPの説明会では食の安全について「日本の制度変更を必要とする規定は設けられていないので遺伝子組み換え食品等、食の安全が脅かされることはない」と説明している。本当だろうか。

政府の言うことだからといってにわかには信じられない。

実は、私達TPP分析チームが原文にあたって調べたところ、TPP協定ではかなりのページ数を割いて遺伝子組み換え食品について細かに記載されていた。

しかもTPP協定では、遺伝子組み換え食品については、今までであれば「衛生植物検疫（SPS）措置」の章に記載されるのであるが、TPPでは第2章「商品アクセス」の章に書かれてあったのも私たちには驚きであった。

米国農務省は早速「初めて国際貿易協定に遺伝子組み換え食品を盛り込むことができた。これで世界の食料危機を遺伝子組み換え食品で乗り越えることができる。TPP協定の素晴らしい成果である」と自画自賛のコメントを出すほどである。

TPP協定文での遺伝子組み換え食品の定義は次の通りである。

第2・21条　定義

現代のバイオテクノロジーとは、自然界における生理学上の生殖又は組み換えの障壁を克服する技術であって伝統的な育種及び選抜において用いられない次のものを適用することをいう。

（a）生体外における核酸加工の技術（組み換えデオキシリボ核酸（組み換えDNA）の技術及び細胞又は細胞小器官に核酸を直接注入することを含む）

後ろが遺伝子組み換えタイセイヨウサケ、手前が同年齢の通常のタイセイヨウサケ（AFP=時事）

（b）異なる分類学上の科に属する生物の細胞の融合

現在のバイオテクノロジーによる生産品は、現代のバイオテクノロジーを用いて開発した農産品、魚、魚製品を意味するが、医薬品及び医療品は含まれない。

驚いたことに、今回のTPP協定ではバイオテクノロジーによる生産品の中に植物だけでなく、魚と魚製品も含まれている。これは米国の遺伝子組み換え食品が植物などの農産物だけでなく、動物の域に初めて踏み込んでいることを示している。怖ろしいことに、いずれ、魚介類はおろか、鶏、卵、牛、豚など畜産物にも拡大していくのではないだろうか。

ところで、TPP協定で明記された魚、魚製品とは何を指しているのか。

2015年の11月に、アメリカのFDA（食品医薬品局）は、アクアバウンティ・テクノロジーズ社開発の遺伝子組み換えの鮭（通称：フランケンフィッシュ）に「自然界の鮭と同じようなもので、食べても人体に危害をもたらすものではない」として食用とすることを許可した。

植物以外で人間の食用として遺伝子組み換え動物に許可が出たのは初めてのことだ。

この遺伝子組み換え鮭は、少ない餌で通常の2倍の速さで成長するよう、アトランティックサーモンにゲンゲというウナギに似た深海魚の成長ホルモンの遺伝子を組み込んである。染色体を4組持つ4倍体の鮭がもしも自然界に放たれたら、海の生態系を壊してしまうとこれまでにも多くの科学者が反対してきた。

それなのに米国では、パブリックコメントにおいて200万人の国民が反対したにも拘わらず、2016年には流通されることになっている。

米国では現在ウォルマート以外のスーパー8000店は販売を拒否するなど、初の動物の遺伝子組み換え食品に対して強い反発が広がっている。

TPP協定では、何とこれらの遺伝子組み換え鮭など数多くの遺伝子組み換え食品を安全なものとして、域内での自由な貿易を前提にさまざまな規定が置かれている。

まず、第2章27条第8項にははっきりと「遺伝子組み換え農産物の貿易の中断を回避し、新規承認を促進する」と書かれている。これは、これまで日本の国内法で、遺伝子組み換え食品は原則輸入禁止、すべての遺伝子組み換え食品に表示義務を課してきた法体系とは矛盾することになる。

憲法上日本では条約の方が国内法よりも優位に立つので、こうした場合は国内法を書き換えていかなければならない。政府の「ＴＰＰで日本の制度を変更する規定はない」と説明していることは嘘になる。

さらに、遺伝子組み換え食品の貿易を円滑に進めるために、ＴＰＰ加盟国間で農産物だけの小委員会を設け、さらに作業部会を発足するようになっている。

そこでは遺伝子組み換えの新規の承認、例えば遺伝子組み換え鮭の輸出入の承認の促進、さらに遺伝子組み換え鮭としての表示などの措置についても話し合いができるようになっている。（第2章27条第9項）

これまで遺伝子組み換え食品についてはカルタヘナ議定書があった。その第17条、25条では、例えばかつて米国で開発され、すぐに人の健康を損なうとして生産が止められた遺伝子組み換えのトウモロコシ〝スターリンク〟が輸入されるような場合には、その国の生物多様性、人の健康を害する危険性があるとして、速やかに輸入を止めるなどの緊急措置を取れるようになっていた。さらに、そのような行為は処罰することができるとなっていた。

これは大変大切なことである。

ところが、今回のＴＰＰ協定では、輸入国である日本などは、独自の緊急措置をとることもできず、処罰の規定も抜け落ちて、米国などに自らの費用で随時送り返すか、それらを死滅させることを求められることになっている。あまりにも一方的で不平等な規定だとしか思えない。

このままだと、米国から日本に遺伝子組み換え鮭の輸入を求められた場合、食品貿易の小委員会、作業部会が開かれることになり、日本は輸入解禁を拒否できなくなる。輸入を止めることができるとすれば、日本では食品安全委員会が遺伝子組み換えの鮭は人体に有害であると立証することである。ところが、ＴＰＰテキスト分析チームの明治大学講師・山浦康明氏は「食品安全委員会はすでに遺伝子組み換え食品を安全であるとしている」と語っている。

何より怖いのは遺伝子組み換え鮭が、蒲鉾、すり身など加工品として輸入され、何の表示義務も無かったとしたら、私達は何も知らないままに遺伝子組み換え鮭を子供たちに食べさせることになる。考えれば考えるほど日本人にとって怖い話である。

そのうちに、遺伝子組み換え鮭の有精卵が輸入され、日本の海でも養殖されることになるのではないか。そうなれば必ず海に逃げ出す遺伝子組み換え鮭が出てくることになる。そうなったら、世界三大漁場と誇る水産国日本の多様な魚の生態系は壊れてしまうことになってしまうのではないだろうか。

◉遺伝子組み換え食品はEU、ロシア、中国でも禁止している

遺伝子組み換え食品がヒトの健康に危害を及ぼすことはないのかどうか、これまでにも世界中で議論されてきたが、遺伝子組み換えの食品は、長い間食べ続ければ、私達ヒトの体に害を及ぼすことを、フランスのカン大学の研究チームがマウス200匹を使った実験で証明している。

「仏ノルマンディー（Normandy）にあるカン大学（University of Caen）の研究チームが行ったマウス実験の結果、問題があると指摘されたのは米アグリビジネス大手モンサント（Monsanto）製の遺伝子組み換えトウモロコシ「NK603」系統。同社の除草剤「ラウンドアップ」に対する耐性を持たせるために遺伝子が操作されている。仏専門誌「Food and Chemical Toxicology（食品と化学毒性の意）」で発表された論文によると、マウス200匹を用いて行われた実験で、トウモロコシ「NK603」を食べる、もしくは除草剤「ラウンドアップ」と接触したマウスのグループに腫瘍を確認した。2年間（通常のマウスの寿命に相当）という期間にわたって行われた実験は今回がはじめてという」（2012年9月21日AFP通信より抜粋）

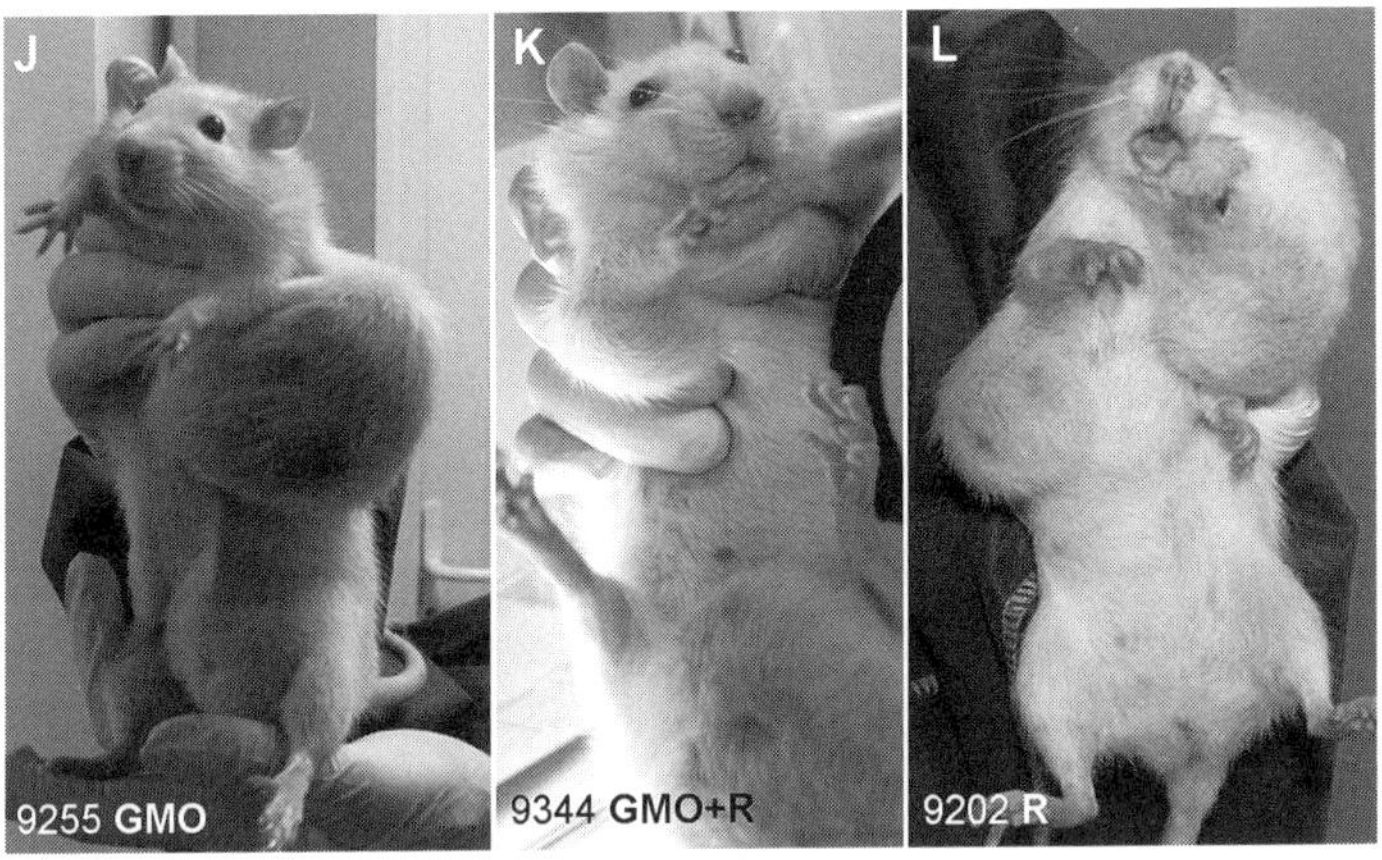

遺伝子組み換えトウモロコシを食べ続けたマウス(AFP＝時事)

研究結果を詳細にみると、特にメスにおいて発がん性があることがわかった。そのがん発生率は14ヶ月で10％～30％、24ヶ月で50％～80％であるが、通常のトウモロコシを食べたマウスは14ヶ月で0％、24ヶ月でも30％である。

一方、オスの実験では、肝臓や皮膚に腫瘍が発生し、消化器官での異常も多く見られた。普通マウスががんになることは極めて稀である。この実験結果は世界的に権威のある科学雑誌にも紹介されて世界に反響を呼んだ。

ところが、遺伝子組み換え食品の多国籍企業モンサントも負けてはいない。その資金力を駆使して大学の研究室にいろいろなデータを準備させ、遺伝子組み換え食品は安全であるとの主張を展開してきた。

マウスを使った70日間の実験も行い、安全であるとの検証結果を発表している。確かに70日間の実験ではフランスのカン大学での実験でも異常はないので、データとしては間違いないものと思われる。

ただマウスの70日は人間に換算すると10年間に相当するので、10年間は食べ続けても大丈夫とするデータに過ぎない。

問題はその後で、70日を過ぎて80日目あたりからがんの発生が多発してくる。

今回のTPP協定の恐ろしさは、各国の遺伝子組み換え食品の安全性評価の手続きに、モンサントから利害関係人として意見を聞き、それを考慮しなければならないとなっていることだ（第8章7条）。そこではモンサントの提供した実験結果だけが利用されることが考えられる。

例えば遺伝子組み換え鮭についても、開発したマサチューセッツ州のアクアバウンティ・テクノロジーズ社から意見を聞くことになるので、そこでのデータが重要視されることになり、反証のための科学的な証拠を日本が用意することは非常に難しいと思われる。

かつてBSE（牛海綿状脳症。通称、狂牛病）の時に私はまだ野党の議員だったが、苦い思い出がある。食品安全委員会の審査を公開で開かせて、毎回傍聴に行ったが、結局は政府が誰を委員に任命するかで結論が決まってしまっていた。各省庁には大学との太いパイプがあって、前もって見解をきいたうえで自分たちが導きたい結論と意見を同じくする教授たちを委員に選任していたのだ。

今回のTPPでは委員の選任の時から利害関係者として遺伝子組み換え鮭を開発したアクアバウンティ・テクノロジーズ社の関係者を入れることができるようになっている。大変なことだ。

◉EUは成長ホルモン入り米国産牛肉を輸入禁止に

EUでは、米国からの成長ホルモン入りの牛肉の輸入を、人の健康に有害な危険性があるとして禁止した。

米国は直ちにWTOのパネルに訴えて争った。

一審ではEU側の主張が通って米国は負けてしまったが、二審では米国側が勝訴して確定してしまった。

EUが負けた理由は、成長ホルモンを使用した牛肉がヒトの健康に危害を与えることの立証が不十分で、貿易禁止にするほどの理由がないだけでなく、不当な貿易障壁にあたり、公正、衡平の原則に反するということだった。

EUはそれでも米国からの成長ホルモンを使った牛肉の輸入を阻止しており、米国から報復関税をかけられても現在もなお輸入禁止を貫き通している。

日本でも成長ホルモンの使用は禁止されている。それにも拘わらず、EUの毅然たる態度と違って米国からの成長ホルモンを使った牛肉の輸入を続けている。米国だけではない。オーストラリアもEUに向けて輸出する牛肉には成長ホルモンを使っていないが、日本向けについては使っている。

かつて私も「こんな話おかしいではないか」と国会の農林水産委員会の質疑でも取り上げたことがあったが、政府はいまだに改める気はない。

なぜ、これだけ問題視するのかといえば、成長ホルモンを使用した牛肉の人の健康に対する影響は侮れないからだ。

実際、最近25年間で、日本人のホルモン依存性がん（乳がん、卵巣がん、子宮体がん、前立腺がん）は5倍に増加している。一方、ここ25年で牛肉の消費量も5倍になっている。25年前といえば、ハンバーガーのような外食の加工肉（成長ホルモンのエストロゲンが特に高濃度のアメリカ産牛肉が多く使われている）を使用する、ハンバーガーショップの増加や牛肉の輸入自由化などがあり、アメリカ産牛肉の消費が増えてきた時期。そのことと、がん発生増加の因果関係は認められるのではないか。

米国でも最近になって精肉工場に運ばれてくる畜牛の身体異常が増え、タイソン・フーズ（米国アーカンソー州スプリングデールに本部を持つ、食品業界の多国籍企業）が買い取りを停止する、という事件が発生し、ウォール・ストリート・ジャーナルで掲載された。

これについて全国肉牛事業協同組合の山氏徹理事長が、ブルネイでのTPP交渉会合でのステイクホルダー会議で発表している。

要旨を説明すると、米国のタイソンなどの精肉工場に解体用に運ばれてくる畜牛の中に最近、異常な個体が増えてきたらしい。歩き方がこわばっていたり、思うように動けなかったり、口から舌をだらりと垂らして、ただ寝そべっていたりする。中には犬のように奇妙な格好で座り込んでいる牛もいる。さすがのタイソンも食肉処理場（屠場）での入荷を止めてしまった。

このような症状を引き起こす原因として研究者が疑いを持ち始めているのが、最近広く使用されるようになった「β刺激薬」と呼ばれる体重増加剤だ。米製薬会社大手メルクは2013年8月16日、懸念が拡大している成長促進剤「ジルマックス」の販売を一時中止することにした。β刺激薬は、最近では解体を数週間後に控えた畜牛の餌に混ぜ、脂肪ではなく引き締まった筋肉の成長を刺激することで体重増加を促すために用いられている。ジルマックスはホルモンではないが、動物の最終的な体重を10〜15％増やすことができる。

獣医疫学者ガイ・ローンレーガン氏はβ刺激薬を投与された動物の死亡率が70〜90％高いことを発見した。米国では多くが月齢20か月以下で屠殺されてしまうこともあって、飼養の最終段階で死んでしまうということはめったに起きない。それであるのに、この死亡率の高さは異常としか言いようがない。

EUでは成長ホルモン入りの牛肉の輸入を禁止してからは、乳がんなど生殖器系がんの発生率が20％から30％が減少しているという臨床結果も報告されている。

◉米国はいよいよ小麦も遺伝子組み換えで生産、市場として日本をターゲットに

現在、世界中で遺伝子組み換え食品の危険性が認識され反対運動が広がってきている。

EU諸国ではほとんどの国が遺伝子組み換え食品は作らせない、人には食べさせないとしている。最近ではロシアと中国も遺伝子組み換え食品については健康を害するものとして生産も販売もさせないことを明らかにした。

日本でも国内法〝食品衛生法〟で遺伝子組み換え食品については、原則輸入を禁止している。現在では限られたジャガイモ、大豆、トウモロコシなど8種類が輸入を認められているだけである。

米国としてはTPP協定を通して、すぐにでも自国内で流通している遺伝子組み換え鮭について日本に輸入を求めてくることが予想される。

朝日新聞　2013／12／22

忍び寄る遺伝子組み換え作物

拡散 気づかず栽培も

米・オレゴン州産の小麦の輸入が今年、一時停止された。同州の畑で、栽培されていないはずの遺伝子組み換え（GM）小麦が見つかったためだった。日本では、安全性が確認されていないGM作物＝キーワード＝が知らぬまに栽培されていたケースもある。こうした現象はもっと増える可能性があると専門家は指摘する。

枯れぬ小麦 経緯不明

米・オレゴン

収穫を終えた麦畑がうねるように広がる。米国北西部のオレゴン州。年140万トンの小麦生産は州の主要産業だ。この小麦畑の一角で今年春、GM小麦が生えているのが見つかった。

GM大豆などが商業栽培されている米国でも、GM小麦は商業栽培されていない。だが、除草剤をまいても枯れなかった小麦があり、分析の結果、種子の大手、米モンサント社が1998〜2005年、全米各地で試験栽培したGM小麦と判明した。日本は同州の小麦の輸入を停止した。

試験栽培の場所は公表されていないが、分析した研究者によると最も近いところでも数十キロは離れているとみられる。なぜ8年もたって突然現れたのか。米農務省が調べたが、原因は分からないままだ。モンサント社は「食品としての安全性については米食品医薬品局（FDA）の審査を終えていた。今回の原因は分からないが、流通経路に混入はない」としている。

日本の農林水産省は輸入していた同じ品種の在庫小麦などを検査。GMはないと判明し、検査態勢を整えて7月に輸入再開を発表した。

同州から日本への小麦輸出は50年以上続く。リーダー・クレイグさん(37)も代々、育ててきた。「日本人が敬遠するGM小麦が見つかったなんて。原因がわからず不気味だ」と話す。

（伊藤恵里奈）

遺伝子組み換え（GM）作物

特定の除草剤では枯れない、食べた害虫が死ぬなど特定の機能を持つ遺伝子を組み込んだ作物。世界の食糧需要をまかなう期待がある一方、長期間摂取した場合の安全性に不安の声がある。

日本では、厚生労働省と内閣府の食品安全委員会がジャガイモ、大豆、テンサイ、トウモロコシ、ナタネ、ワタ、アルファルファ、パパイアの8作物288種類について食用の安全性を確認している。

パパイア台湾から混入

沖縄

2年前の春、沖縄。県民が炒め物などで食べる伝統野菜パパイアの農場で、国から安全性が認められていない種類のGMパパイアが見つかった。87農家の約8千本が伐採された。

別の種類のGMパパイアを研究していた国立医薬品食品衛生研究所が偶然、直売所のパパイアを検査したところGMの疑いのパパイアが見つかり、農水省が調査。混入したのは台湾の大学で研究されたGMパパイアと判明した。台湾では病気に強いパパイアが研究されていたという。

大学から台湾の種苗会社の農場に紛れ込み、そこから種苗を輸入した日本の種苗会社が農家に販売していた。05年から09年に輸入されたという。どうやって台湾の会社の農場に入ったかは今もわかっていない。

「無農薬で食の安全にこだわっていたのに。知らぬまにGMパパイアを栽培していたなんて」。専業農家の大城浩明さん(61)は憤る。直売所や農協に出荷し、全国に流通。地元の小中学校の給食用にも出していた。

国の調査で昨年、道ばたなどに生えるパパイア58本がGMとみられるとわかり、伐採した。鳥が種を運んだとみられる。今年は見つかっていないが、農水省の担当者は「もう流通はしていないものの、ほかに生えていない保証はない」。調査を続けていくという。

遺伝子組み換えパパイアの木。葉の根元が赤みをおびている＝農林水産省提供

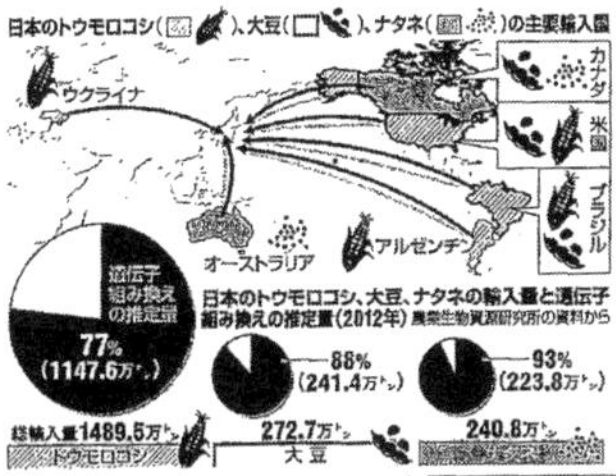

輸入大豆の88%

研究所推計　加工・飼料用に

GM作物の商業栽培は96年に米国で始まった。国際アグリバイオ事業団によると、ブラジルなど28カ国に広がり、昨年の栽培面積は96年の100倍に。米国では栽培されるトウモロコシや大豆の約9割に上る。

日本ではトウモロコシなど8作物288種類について食用の安全性を確認。独立行政法人農業生物資源研究所の推計では、昨年日本が輸入した大豆の88%がGMとみられるなど多くのGM作物が輸入され、食用油への加工や家畜の飼料などに使われている。農水省によると、大豆の国内自給率は8%にとどまるなど輸入に頼る作物も多い。

自然界の植物は花粉を飛ばすことなどで子孫を広げるが、モンサント社はGM作物について「交雑種が近縁種に取ってかわらないなど環境への安全性を確認している」と説明する。日本でも生物多様性への影響がないことを確認した大豆など8作物97種類は栽培を承認。だが、「実際に食用で商業栽培している例はない」（農水省）。消費者の抵抗感などが理由という。

九州や関西の14生協でつくるグリーンコープ（本部・福岡）の遺伝子組み換え食品に関する専務スタッフ中島亮哉さんは「長期的に摂取して人体に被害がないか、将来的に生態系に影響がないかなど解明できていないこともある。何か起きてからでは遅い」と話す。

東京農大の山口裕文教授（応用生物多様性学）は「食材や種子は国境を越えて移動している。GM作物が知らぬまに入り育つことは、どこでも起こりうる現象だ。日本の対応は後手に回っており、こうした現象はもっと増える可能性がある。開発した研究機関や企業はしっかり管理する責任がある」と指摘する。

（才本淳子、田中京子）

遺伝子組み換え麦が自然に拡散する。13・12・22の朝日新聞の記事より私達にとって更なる心配がある。

小麦もコメも遺伝子組み換えになって、それが表示もされないままに私達の食卓に並ぶ日が来るのではないか、という懸念だ。

2012年、私はワシントンで全米小麦協会のアラン・トレーシー会長にTPPの問題でお会いした時、「これから米国では遺伝子組み換えの小麦を大々的に生産する」と言われて驚いた。

それまでは米国政府の高官は「大豆やトウモロコシは家畜が食べるものだから遺伝子組み換えでいいが、小麦は人間が食べるものだから遺伝子組み換えでは作らせない」と明言してきていたのに。

いよいよ米国でも本格的に遺伝子組み換え小麦が栽培され、その輸出先は日本がターゲットとされている。

日本農業新聞の記事を読んで欲しい。

遺伝子組み換え麦の輸出について懸念しなければならないことがある。

TPP交渉で「JA全農」の株式会社化が取り上げられ、規制改革会議でも検討されて

GM小麦 日本も視野

全米小麦生産者協会は3日、遺伝子組み換え（GM）小麦の商業栽培へ向けた取り組みを強化する方針を明らかにした。将来は小麦の最大輸出先である日本市場も視野に入れるという。

全米麦生産者協会

米国では、大半が家畜の餌として使われるトウモロコシと大豆は、GM作物が9割以上を占める。

これに対し、パンやパスタなどの原料となる小麦は、消費者の根強い懸念を踏まえ、導入は見送られてきた。

協会首脳は同日記者会見し、「GM品種なら生産性が大きく改善する」とメリットを強調。実際に商業栽培や輸出を行うには関係当局の認可が必要となるが、安全性に問題はないとアピールしていく考えだ。

（ニューオーリンズ＝米ルイジアナ州＝時事）

16･3･4日本農業新聞の記事より

きたが、「JA全農」は系列として米国ニューオリンズに全農グレイン社を保有しており、世界最大の外航船積引込施設を持っている。そこで遺伝子組み換えの大豆とそうでない大豆との分別をしてきた。

米国としては国内の反対が強い遺伝子組み換え小麦をまず日本に輸出するにあたって、全農グレインの分別施設が邪魔でしようがない。

オーストラリアの農業協同組合の巨大な穀物部門を米豪FTAの後、株式会社に衣替えさせて、カーギルが株を買い占めてその傘下においてしまったが、日本の全農グレインもこのままではそうなってしまうのではないか。そうなれば、遺伝子組み換え小麦などの分別ができなくなってしまう。

◉TPP協定が発効されれば日本は遺伝子組み換え食品の輸入を止めることができなくなる

TPP協定を調べれば調べるほど米国が本気なのがわかる。

TPP協定第7章「衛生植物検疫（SPS）措置」における「輸入国（日本）において輸入を禁止しようとするには、厳格な科学的な人の健康を害する危険性についての証明、証拠を提出することが必要となる」という点が問題になる。

この科学的証明は〝悪魔の証明〟と言われるほど難しく、WTOのパネル（紛争解決のための小委員会）でもこれまでに認められたことはないと言われている。

現在遺伝子組み換え食品のヒトへの健康被害の危険性を立証することは科学的データがほぼしく、不可能に近い。

もし仮に食品衛生法によって遺伝子組み換えの鮭、小麦の輸入を止めたとしても、米国のアグリビジネス企業は日本に子会社を作ってTPP協定第9章「投資章」によって投資家対国家の紛争解決に持ち込んで、日本政府が多額の賠償金の支払いを求められることになる（本書第7章ISDの章を参照）。

いずれにしてもTPP協定によって、日本はこれから米国、オーストラリア、ニュージーランド、カナダなどから輸出されてくる遺伝子組み換え食品を輸入禁止にすることができなくなる。

政府は「TPPでは現在の食の安全の制度を変えなければならない規定はない」と言っているが、現在でも食品安全委員会の承諾を得て、ジャガイモ、トウモロコシ、大豆など8種類の遺伝子組み換え食品の輸入を認めている。TPP協定で遺伝子組み換え農産物の輸入を促進すると明記されている以上、このままでは遺伝子組み換えの小麦、鮭、鮭の練り製品も輸入されることは間違いないものと思われる。

（2）TPP協定で食品の表示はどうなるのか

◉日本もTPPで〝遺伝子組み換え食品〟の表示ができなくなる恐れがある

仮に、日本で食品安全委員会が遺伝子組み換え鮭について安全であるとして輸入が許可されたとする。または、これから輸入が予測される遺伝子組み換えの小麦が国内に入ってきたとき、実際にどんなことが起きるのだろうか。

国内法JAS法ではすべての輸入される遺伝子組み換え食品については、表示しなければならないことになっている。

ただし例外もあって、遺伝子組み換え大豆によって搾油された食用油などタンパク質の形状が現れないもの、遺伝子組み換え食品が少量混じっているもの、例えば遺伝子組み換え大豆で搾油したカスで作られた味噌、醤油も現在表示されていない。

現行では遺伝子組み換え鮭や遺伝子組み換え小麦が輸入されても、その旨の表示がされるのが当たり前だった。

ところが、ＴＰＰ協定には食品の表示についても書かれており、これまでのように日本の国内法による方法では表示できなくなる恐れが生じてきた。

ＴＰＰ協定、第８章「貿易の技術的障害（ＴＢＴ）章」では、食品の安全について法律で表示義務を課すことは、中央政府が定める「強制規格、任意規格」にあたるものとしてその適合性の評価手続きをしなければならないことになっている。

この手続きには次のように書かれている。

○透明性（第８・７条）

各締約国は、利害関係者に対し自国が作成することを提案する措置について意見を提出する適当な機会を与え、その作成において当該意見を考慮すること等により、他の締約国の者が中央政府機関による強制規格、任意規格及び適合性評価手続の作成に参加することを認めること、関連する国際規格等の技術的内容に適合する強制規格案又は適合性評価手続であっても、貿易に著しい影響を及ぼすおそれのあるものをＷＴＯの加盟国に通報すること、他の締約国又は他の締約国の利害関係者が強制規格案又は適合性評価手続案に対する書面により意見を提出するため、それらの提案を他の締約国に送信する日から通常60日の期間を置くこと等を規定。

条文のため意味を理解するのが難しいので、説明すると、締約国である日本が遺伝子組み換え食品について、表示しなければならないと法律で定めるとすると、これはＴＰＰ協定では「強制規格」にあたる。

強制規格では、日本は何を理由に表示義務を課さなければならないのか、適合性評価手続きが求められる。

遺伝子組み換え鮭の場合ではまず生産者であるアクアバウンティ・テクノロジーズ社、遺伝子組み換え小麦の場合では特許権者モンサント社が、日本国内で遺伝子組み換えであることの表示がなされれば、それだけ日本で製品が売れなくなり、期待した利益が得られなくなるので、利害関係者である各社の説明を、日本は聴取しなければならない。

しかも、条文では利害関係者の「意見を考慮して決める」ことになっている。

それだけではない。「適合性評価」を決定する際には条文上では他の締約国、例えば米国の通商代表部も参加して作成しなければいけないことになっている。

そうなった場合、日米の外交交渉のパワーバランスからしても、日本が米国に逆らえるような状況にはない。

こうして考えれば、ＴＰＰ協定が締結されれば遺伝子組み換え鮭も、遺伝子組み換え小麦も、これまでと同様に「遺伝子組み換え食品である」と表示することはＴＰＰ協定下ではできないことになってしまう。

◉米国は連邦法の改正で遺伝子組み換え食品ではない旨の表示もできなくなる

遺伝子組み換え食品は米国国内にも波紋を広げている。

２０１５年7月、ハワイのマウイ島でＴＰＰ交渉閣僚会議が開かれ、私も行ったが、その際、米国の自然保護団体シエラクラブから驚くべき話を聞いた。ハワイでは州議会で法律を成立させ、遺伝子組み換え食品は作らせないし、表示義務も課していた。ところが、種子会社からハワイ政府は訴えられて一審で敗訴し、現在上告して争っている、というのだ。

米国では、コネティカット州、メーン州、バーモント州において遺伝子組み換え食品表示を義務とする州法が可決された一方、カリフォルニア州、ワシントン州、オレゴン州、コロラド州では否決された。中には、法律で遺伝子組み換え食品の表示はおろか、遺伝子組み換え食品でないことの表示すら禁止されている州もある。

また、２０１５年7月、全米統一の連邦法として「安全で正確な食品表示法（The Safe and Accurate Food Labeling Act.）」が下院で可決された。この法案を批判する人々は、「アメリカ人の知る権利を否定する法（Denying Americans the Right to Know Act.）」の頭文字から「DARK（暗黒）法案」と呼んだ。これは、表示を〝義務〟ではなく〝任意〟とする法案で、もしこの法案が成立したら、米国ではすべての遺伝子組み換え食品が堂々と生産され、流通においても何らの表示もされることなく消費者が食べさせられることになる。

この法案が予算案の付帯条項として組み込まれて上院を通過してしまえば、遺伝子組み換え表示の義務化は禁止となる。つまり、コネティカット州、メーン州、バーモント州の法案はすべて無効とされ、州独自の規制が一切禁止されることを意味するのだ。

この法案は上院で今審議されているところだが、２０１５年の12月の予算案の付帯条項からは外された。遺伝子組み換え鮭については表示制度が発効するまで販売しないとなっているので一先ず安心だが、最終的にはどうなるかわからない。

もし米国の上院で「安全で正確な食品の表示法」が可決されたら、今回のＴＰＰ協定の規定からして、日本の北海道などで水揚げされた天然の鮭についても、「この鮭は遺伝子組み換え食品ではありません」との表示もできなくなってしまう可能性は十分にある。日本のスーパーなどで売られている納豆や豆腐のパッケージにある「遺伝子組み換え食品ではありません」の表示もできなくなるだろう。

◉日本国産牛肉の表示などもTPPではできなくなる

日本ではTPPになっても、「国産」の表示があるので、危ない外国産の食品は買わないから大丈夫といった声が生産者の間からも聞こえてくる。また消費者の中でも少々高くても国産品を選んで購入するので大丈夫だと言っている人も多い。本当だろうか。

2008年、カナダとメキシコは米国に対して、牛肉の生産国表示をしていることは不公平な貿易障壁にあたるとしてWTOのパネルに訴えた。米国内で国産表示をされることによって、カナダやメキシコの牛肉がその分売れなくなるとの理由だった。同パネルは2014年10月、米国の生産国表示は不公平な貿易障壁にあたるとして、カナダ、メキシコの主張を認め米国は敗訴した。米国は直ちに上訴したが、2015年、米国の上訴は棄却された。

パネルでは、WTOの2章1条同章2条を適用して生産者、肉の処理業者などに記録などの負担を強いることは、消費者に生産国を知らせる利益よりも、重い負担になるもので不公平な貿易障壁にあたると判断したのだ。

今回のTPP協定第8章6条TBTではWTOのこの2章1条同章2条を準用している。TPPはWTOよりも、自由貿易を促進する企業の立場をより鮮明に保護しているので、WTOにはない透明性の確保、利害関係者の立場の擁護などの踏み込んだ規定、SPS委員会に強力な権限を持たせるなどの企業有利の条文が随所に盛り込まれている。

しかも、WTOでは、争うにしても国と国とのパネルでの審判だが、TPPでは米国などのカーギル、タイソン・フーズなどの多国籍企業がISD条項で、日本政府を訴えることができるようになる。多国籍企業たちは日本の牛肉が国産の表示をしていることで、期待した利益を得ることができなかったとして、数千億円の多額の損害賠償請求訴訟をすぐに起こしてくることになる。この部分はISD条項の章で詳述する。

私もBSEの時に米国タイソン、カーギルの食肉処理場をいくつか見てきたが、1日に5000頭を処理する工場で日本とは同じ食品産業と言ってもケタが違う。そのような巨大なアグリビジネスが、「日本では農畜産物について国産表示を認めているから、輸出が伸びない」と言い出せば、日本政府はISD条項で訴えられるのを怖れて行政指導で国産表示を止めさせることも考えられる。

ところが、それでも大丈夫だという人がいる。国産の表示ができなければ、「産地」を表示すればいいではないかとの声がある。

本当にそうだろうか。

◉食料品についての「産地」表示もできなくなるのでは

私達がスーパーに買い物に行くと、魚、野菜など生鮮食料品については長崎産アジの干物、青森産のニンニクなどと産地が表示されている。現在、農林水産省の省令で日本の国産の生鮮食料品については産地が表示され、お茶を含む飲料など一部の加工品には主要な原料の「原産国」表示がなされている。

農水省はTPP対策として産地ブランド、産地表示を盛んに勧めている。農家も生き残るためには、その方向で頑張るしかないと考えているようだ。

地理的表示についてはTPP協定に規定があり、焼酎でいうところの『壱岐』『球磨』『琉球』『薩摩』などがブランドとして認められている。これらに対する産地表示については明文で認められていることになる。

私も6年間にわたるTPP交渉、各国のNGO、交渉官たちと情報交換してきたが、産地表示を巡っての議論がなされていることをこれまでにも何度も聞いていた。

今回TPPの附属文書が公開されたが、そこには次のように記載されている。

○あらかじめ包装された食品及び食品添加物の専有されている製法に関する附属書

締約国が、強制規格及び任意規格の立案、制定及び適用において専有されている製法に関する情報を収集する場合、正当な目的を達成するために必要なものに限ること、当該情報の秘密が、国内産品の情報の秘密と同様に且つ正当な商業的利益を保護するような態様で尊重されることを確保すること等を規定

食品の包装の表示については「正当な目的を達成するために必要なものに限られる」とあり、パッケージに「新潟県産のコメ」などと表示することはできなくなるのではないだろうか。

米国はＥＵに対して新サービス貿易協定（TiSA；Trade in Service Agreement）を求めているが、その中でパルメザンチーズと「産地」表示している包装が不当な表示だとして貿易障壁にあたると主張している。

そもそも「必要性」判断はこれまでの貿易の紛争処理においては認められたことはないと言われている。先述の牛肉の「国産」表示は不当な貿易の障壁にあたるとしたＷＴＯのパネルでの判断からしても、産地表示は難しい。

こうして考えれば日本の「産地」表示も国産表示と同様、米国など他の農産物輸出企業から不公平な貿易障壁として、その廃止を求められることになる。

また、日本で行われている野菜など生鮮食料品の「産地」表示も、米国カリフォルニアのブ

ロッコリー生産者やニュージーランドのキウイ販売会社からすればそれだけ売り上げが期待できなくなりISD条項で日本政府を相手に莫大な損害賠償金を求めることができるようになる。

そのようなことになれば「産地」表示をこれまで推奨して「TPPになっても大丈夫だ」と言ってきた政府、農水省の態度も一変することになる。

そうなれば、現在各地で行われている「地産地消」の学校給食はどうなるだろうか。

実際、私はワシントンで、米国の政府関係者から「カーギルは韓国の学校給食を市場として期待している」と聞いたことがある。

それ以来、気になっていたため、弁護士でもあるソウル市長のパク・ウォンスン氏にお会いした時にお聞きした。

「すでにソウル市だけで132本の条例を変えなければならなくなりました。学校給食の地産地消もできなくなりました」と語ってくれたが、すでにソウル市などいくつかの市の条例で地産地消の学校給食を制度化することは政府の指導で禁止されている。

米韓FTAで、国内の産地業者とカーギルなどの米国の業者とを学校給食においても差別してはならない。従来どおり、国内業者を優先すれば、内国民待遇、衡平、公正貿易の原則によってISD条項で政府が訴えられることになるので自粛せざるを得ない。

TPPが発効すれば、日本でも同じことが起きる。そうなれば日本の「地産地消」の学校給食もできなくなる。

有機農産物の扱いについての表示も、附属書では「ＴＢＴの章」の強制規格、任意規格の適合性手続きを受け入れて、他の締約国と同等なものとして速やかに検討することを求められているのでやはり難しくなるのではないだろうか。

○有機産品に関する附属書

各締約国は、有機産品の生産、加工又は表示に関し、強制規格若しくは任意規格を自国のそれらと同等なものとして受け入れ、又は適合性評価手続の結果を受け入れることについての他の締約国からの要請を可能な限り速やかに検討することを奨励されること等を規定。

（3）残留農薬、食品添加物の安全企業はどうなるか

◉遺伝子組み換え食品ではグリホサートの農薬被害も怖い

分子生物学者の河田昌東氏は次のように指摘する。

遺伝子組み換え食物には、さらに恐ろしい側面がある。例えば遺伝子組み換え大豆を育てる場合は必ず種子と農薬をセットで使わなければならない。

モンサントが開発したラウンドアップというありとあらゆる雑草を枯らすことができる除草剤（主成分はグリホサート）がある。このラウンドアップに耐性を持つ遺伝子が組み込まれた大豆を栽培すれば、ラウンドアップを散布しても大豆を枯らすことなく、すべての雑草を駆逐することができる。農家にとって一番厄介な雑草駆除を省くことができるとてもありがたい製品だ。

しかし、毎年ラウンドアップを使用し続けると、次第に耐性のある雑草が出現するようになり、その結果、除草剤の散布回数は増加し、農家の金銭的負担と手間は増えてしまう。

さらに、この残留農薬が身体の不自由な赤ちゃんの出生につながっていると世界各地で問題になっている。事実、南米では身体の不自由な赤ちゃんの出生率が、ラウンドアップ使用前に比べて4倍になっている統計結果が報告され、WHOのIARC（国際がん研究機関）も2015年3月20日、グリホサートの発がん性を認めた。

調べてみると、ラウンドアップ耐性大豆の残留グリホサート濃度は安全基準を超えていた。それにも拘らず、米国政府はラウンドアップ耐性大豆の栽培を禁止にしていない。それどころか、大豆の輸出ができなくなることを危惧し、海外の輸入国に残留農薬の規制緩和を勧告したのであった。そのため日本（従来基準値6ｐｐｍ）、オーストラリア（従来基準値0・1ｐｐｍ）、イギリス（従来基準値0・1ｐｐｍ）、ニュージーランド（従来基準値0・1ｐｐｍ）は基準値を20ｐｐｍに引き上げることになった。

前述したように、ラウンドアップ耐性大豆を何年も栽培しているとラウンドアップ農薬に耐性を持つ雑草がはびこるようになった。

このため、さらに強い農薬が求められるようになり、その対策として日本政府は、世界に先駆けて、米国ダウ・ケミカルが申請した枯葉剤〝2，4－D〟を認可、この農薬の耐性トウモロコシを2012年5月に食品・家畜飼料とすること及び栽培することを認めた。さらにはモンサントが申請した枯葉剤〝ジカンバ〟耐性大豆は、2013年2月に食品として認可し、同年10月には栽培も許可された。加えてジカンバの残留農薬基準は0・05ｐｐｍから10ｐｐｍに引き上げられている。恐ろしいことである。

米国では日本の許可を受けて、2014年10月に2，4－D耐性トウモロコシ、2015年1月にジカンバ耐性大豆が認可された。つまり、日本が認可を与えたから安全だとして、米国での認可を与えたものと思われる。情けない話である。

おそらく、これから日本でもＴＰＰ協定で遺伝子組み換え種子の栽培が始まることになるが、これらの専用農薬に含まれているダイオキシンでベトナムでのベトちゃん、ドクちゃんのような身体の不自由な子どもが生まれたように、日本でもそのようなことが生じないとは限らない。

◉食品添加物、残留農薬の基準が大幅に下げられる

今回のTPP協定では、第18回のマレーシアの交渉会合で米国が提案した食品添加物、残留農薬などの安全基準がそのまま採択されている。

私達TPPテキスト分析チームでは食の安全については、明治大学講師の山浦康明氏が担当した。そこでわかったことは、日本は残念なことに食の安全について大幅に譲ってしまっていたことだ。

①防カビ剤とポストハーベスト農薬について

これまでも米国は日本に輸出している小麦、コメ、大豆、トウモロコシなど穀物が、貨物船で運ばれる際にコクゾウムシなどの害虫、バクテリアが発生するので、ポストハーベスト農薬をふんだんに使ってきた。その中には日本で禁止されているマラチオン、クロロピリホスメチルの農薬もある。

このポストハーベスト農薬は、日本側はその使用の禁止を求めて長い間、日米間で問題にさ

れてきた。私がまだ議員時代、ジャガイモの発芽を抑制するために、クロロフォルムの残留農薬基準を米国の強引な圧力で日本は1000倍にしたことがある。

私も当時国会でしつこく質問に立ったが、どうしようもなかった。

ところが、驚いたことに、TPP協定の日米間の附属書ではポストハーベスト農薬について1項目を設けて合意している。そこには「日本の厚生労働省と収穫後の防カビ剤とポストハーベストを統一して承認して効率化を図ることを日本政府は承諾した」となっている。

②残留農薬と食品添加物の安全基準について

日本の食品における残留農薬の基準は、米国などに比べて厳しく設定されている。当然のことであるが、WTOでは自国の残留農薬、食品添加物の安全基準については各国それぞれに決めることができるようになっている。

ところが今回のTPP協定では各国独自の残留農薬基準、食品添加物の安全基準は認められず、世界的な食品規格であるコーデックス基準に合わすことになっている。

コーデックス基準といえば、世界的な安全基準なので、一見もっともらしく聞こえる。私も始めはそう思っていたが、調べると家畜に成長ホルモン、抗生物質を使うことを認めているし、

●農作物別残留農薬等の基準値比較

	日本	国際基準	米国
ブルーベリー	0.1ppm	5.0ppm	5.0ppm
アーモンド	なし(0.1ppmを適用)	0.05ppm	0.2ppm
米	0.1ppm	0.1ppm	6.0ppm(ポストハーベスト農薬)
小麦	10.0ppm	10.0ppm	6.0ppm
ぶどう	3.0ppm	1.0ppm	1.0ppm
ブロッコリー	5.0ppm	0.5ppm	なし
マンゴー	1.0ppm	0.2ppm	1.0ppm

〈くらしをアシストする情報サイト「くらしすと」http://kurassist.jp/anshin/anshin２５－３.htmlより引用〉

内部被ばくが心配される放射線をジャガイモに照射することも推奨している等、あまりにも問題が多い。

さらに調べを進めると、コーデックスの構成員は大半が多国籍企業からの代表者で占められていて、消費者団体からの代表者は一人しかいない。これでは多国籍企業が貿易を伸ばすために作られた機関だと言っても過言ではない。

コーデックス基準だけならばまだしも、ＴＰＰ協定では「貿易を回避するような規格制定は回避すること」となっている(第18章附属書３)。

日本で残留農薬の基準を決める60日前には、米国のデュポンなどの農薬のメーカーから意見を聞いて、しかもそれが貿易の円滑化を妨げるようなものであってならないと規制されている。

食品添加物についても日本は６００種類足らずだが、米国では１６００種類以上はあると言われている。

実はＴＰＰ協定では日米間の附属書に食品添加物についても

第2項で「日本は46の品目については承認する」ことを約束したとある。

驚くべきことに第3項にはBSEの発生で禁止されていた牛由来のゼラチン、コラーゲンについても「日本は食品安全委員会の承認を得て緩和した」と書いてある。

今日では、米国のデュポン、モンサントなどの化学会社、ファイザーなどの製薬会社は新しい農薬、食品添加物の開発で激しい競争を続けている。これからどのような恐ろしい農薬、添加物が開発されるかわからない。

ところが、今回のTPP協定ではデュポン、モンサント、ファイザーなどの多国籍企業が開発した農薬、食品添加物については、それらの企業の安全性の検証データだけで輸出できるようになっているように思える。

日本がその輸入を阻止しようとするなら、食品安全委員会で人体などに有害であることの証拠を出さなければならない。何度もいうが、それは現在の科学ではほぼ無理に等しい。恐ろしいことになってきた。

◉すでに日本でも始まっている遺伝子組み換えのコメの栽培

恐ろしいことに、米国モンサントは、日本において遺伝子組み換えコメの種子を開発して、茨城県にある試験農場での実証実験も既に終えている。

　これに関連して最近、北海道で聞いたことだが、酪農などの畜産農家のところにモンサントの社員が来て、旅費滞在費付きで茨城の試験農場を見学させているというのだ。

　これはモンサントがブラジル、アルゼンチン、インドなどでやってきたお得意の手法で、おそらく「遺伝子組み換えの種子で栽培すれば、〝4倍収量が増えて〟所得が倍増する。しかも当初1年間の種子は無料で提供する」という触れ込みで、何も知らない農民たちに分厚い英文の契約書に署名させるのだ。

　ところが、これはワナのようなもので、2年目からは種子の代金がかかり、ラウンドアップなどの専用農薬代もかさんで大変な借金に苦しむ状況に陥る。インドではモンサントと契約した農民の自殺者が29万人はくだらないと言われている。

　私が農水大臣の時に知って驚いたことだが、すでに農水省では遺伝子組み換え食品についてのリーフレットが山積みになっていた。そこには遺伝子組み換え食品は従来の育種選抜による品種改良の延長上のもので、ヒトが食べても安全であると書かれていた。私はそのリーフレットを全て破棄させた。

　自民党の安倍総理も、最近農家所得の倍増と言い出しているが、どうして倍増できるかきちんとした説明がない。そんな中、産経新聞に小さく「収量が4倍増えて…」の記事があったので心配である。

もしかしたら安倍総理は日本の農産物を遺伝子組み換え種子に変えてしまうつもりなのではないだろうか。そのために、農家の戸別所得補償を廃止し、コメの価格も下げて小さな家族農業を潰してしまう。農地の国家戦略特区を設けて企業に農地を集約させているが、総理にとってはこれが「強い農業をつくる」ということなのだろうか。

第5章

私達の医療はTPPでどう変わるか

[redacted]

お金持ちしか医療を受けられない？

薬価の値上がり

タミフル
1錠
7万円
うそ！

介護難民の増加

TPP
○△□保険
じゃね！
不採算なので撤退します
行くところがありません～

TPPで、医療のアメリカ化が進む？

アメリカは国民皆保険じゃないんだよね

公的保険が一部の治療にしか使えなくなり、民間の保険に入らなければならない

○△□保険
請求書
月々
8~15万円＊
アメリカでは、さらに初診料が数万円も
アメリカでは医療費支払いのため自己破産する人も多いんだって

＊4人家族で。年齢や既往症にもよる

医療
350万円ですね
○△□保険
診断名
盲腸
か、帰ります…

私達の医療はＴＰＰでどう変わるか

（1）医薬品がＴＰＰ協定で2倍から3倍になる

◉アトランタでの閣僚会議で最後まで揉めたバイオ医薬品データ保護期間創設問題

ＴＰＰ大筋合意となった２０１５年10月5日のＴＰＰアトランタ閣僚会議で、最後の最後まで揉めたのは、バイオ医薬品のデータ保護期間創設の問題だった。

これは、今回のＴＰＰ交渉で、米国が各国のメーカーに対してジェネリック医薬品をそう簡

済ませようとした金額は、日本円に換算して9兆2000億円と言われている。

これらのお金を彼らは政治献金にふんだんに使っている。ことに、米国では政治献金の上限が廃止されて青天井になってからは激しさが増して、なかでも製薬会社の献金が群を抜いて多くなったという。このことからも今回のTPPは製薬、医療の分野が狙いであることがよくわかる。

TPP交渉にはこのような巨大な多国籍企業がひしめいている。その背後にはロスチャイルド、モルガン・スタンレー、ロックフェラーなどウォール街の財閥・金融資本がいる。それらの巨大な多国籍企業だけで600社はあると言われていて、実はこれらの巨大な産業界がTPPの主役なのだ。

11　企業　12版　【第三種郵便物認可】

経営の視点

TPP交渉の主役は誰か

「攻め」担うのは新興企業

大詰めを迎える環太平洋経済連携協定（TPP）交渉で、知的財産権をめぐるルールづくりが関税問題と並ぶ難関になっている。理由はアジア各国と米国の鋭い対立にある。

アジアの成長市場で米企業の権益を確保せよ――。米通商代表部（USTR）には重い使命が課されている。背後にいるのは知財の三大勢力。米国内で政治力が強い「医薬」「ハリウッド」「IT」の3業種だ。

TPP交渉の会合は20回を数え、開始から3年半以上の歳月を費やした。知財分野も協定原案があるが、8月末時点で300もの対立点が残っている。米国とアジア新興国は、にらみ合ったまま微動だにしない。

米側は医薬品の特許やデータ保護期間の長期化を主張。映像・音楽のコンテンツ著作権も長く守りたい。通販などネット上のサービスでは、サーバーの物理的な設置規制の排除など自由の確保を目指している。

交渉経験が豊富な米国の要求に、新興国はたじろぐばかりだ。米国が自ら作った案を机の上に積み上げ、他国はその一言一句に反発しているだけ。それが交渉の実態である。対案を出し合って合意を編み上げる本来の姿から程遠い。

その不毛な対立の構図に日本は途中参加した。交渉官は「今まで何をしていたのか」とあきれ顔だが、そもそも米国と新興国では実力差が大きすぎる。米国に次ぐ先進国の日本が参入した意義が、ここにある。

米国の「攻め」の交渉体制を眺めて感じるのは、官民の連携の強さだ。8月のブルネイ会合には、米国研究製薬工業協会など知財関連の団体が大挙して訪れていた。米政府の提案を作成するのはUSTRではなく、実質的には米産業界だ。日本の業界からの参加者は一人もいなかった。

旧来型の関税交渉ならば何を攻め、何を守るかは単純明快。攻守の品目さえ決まれば、政府にゲタを預けられる。新分野のルールづくりは違う。政府には知識もアイデアもない。問題の所在や解決策はビジネスの現場にしか分からない。

ルールづくりの通商交渉の主役は企業自身である。重厚長大型が中心の経団連の加盟企業は、関税自由化には関心があっても、サービス・ソフト分野の国際ルールづくりへの感度は低い。流通、IT、興業、観光、コンテンツなど新興企業が声を上げなければ、交渉で日本の存在感を示すことはできない。

知財分野の交渉が動かない最大の原因は、米国内の政治事情にある。財政や医療改革、シリア問題で失敗続きのオバマ政権が弱体化し、米議会と知財業界への発言力が低下しているためだ。USTRは対外的に柔軟姿勢を取りにくい。

大筋合意の目標はアジア太平洋経済協力会議（APEC）だが、細部の交渉は長引きそうだ。膠着状態を打開する新提案が要る。産業界にその実力があるのは日本だけだろう。

政府が応援を呼びかけ、企業が重い腰を上げるのが、これまでの日本のTPP交渉の実態だった。企業が政府を「活用」し、有利なルールを世界で築く姿勢がほしい。米国から与えられた土俵の上で、こぢんまりビジネスを考える発想は、そろそろ卒業したい。

（編集委員　太田泰彦）

13・10・7の日本経済新聞のコラム

日本経済新聞（2013年10月7日付）のコラムにもそのことがはっきり書かれている。「TPPの主役はUSTRではなく、米国産業界だ」と。

ＴＰＰのテキストもＵＳＴＲの政府官僚が作っているのではなく、多国籍企業のロビイストたちが作っていたのだ。

今回、私達「ＴＰＰ交渉差止・違憲訴訟の会」の弁護団と学者、専門家たちによるテキスト分析チームは６３００ページにも及ぶ協定書、附属文書を分析して背筋が凍る思いを味わった。この膨大な文書の中には６００社の顧問弁護士たちが練り上げた巧妙な仕組みがあらゆるところに施されている。将来の「投資家対国家との紛争処理」ＩＳＤ条項に備えて。

それだけではない。これらの巨大な多国籍企業はそれぞれにロビイストを世界各国に派遣している。彼らが各国の情報を集めながら、それぞれの国の5年、10年先ではなく50年、１００年先を見越し政界、財界、メディア界などに深い人脈を築いている。

勿論日本にも来ている。ジャパン・ハンドラーズと噂される著名人、日本に意ある米国商工会議所会員たち。電通、博報堂などが彼らとの関係を取りざたされてきたが、広告代理店による事実上のメディア工作が周到に用意されて、国民の洗脳をはかっている。

私も代議士だったのでわかるが、政治家の場合は1期2期生の若手から目を付けて、米国などに招待して絶えず取りこんでいくさまは舌を巻くものがある。

「あっせん利得罪」疑惑の甘利担当前大臣が「選挙をやるにはいい人ばかりとは付き合えない」と話して物議をかもしたが、ジャパン・ハンドラーズは政界の中にも深く入り込んでいる。

◉データ保護期間の延長で日本の医薬品の価格はどう変わるか

ここで私達が心しなければならないのは、米国にとって最大の狙いは日本の40兆円の医療市場であることだ。日本人は世界の人口のわずか1・6％に過ぎないのに、世界の医薬品の4割を消費していると言われているほど薬好きな民族なので、米国などの製薬会社にとって最高の顧客だと言える。経済産業省の見解ではバイオ医薬品の分野は、がんの新薬などこれからの成長産業で、2010年は10兆円産業だったものが2025年には22兆円産業にまで急成長すると予測されている。

それにもかかわらず、TPP交渉では、日本政府、安倍総理、甘利前担当大臣は、米国の要求をほぼ受け入れて譲歩してしまった。

今回のTPP協定でこれから先、医薬品、国民皆保険がどうなっていくのか、私達TPPテキスト分析チームでは、全国保険医団体連合会の寺尾正之医師に医療分野の分析を担当していただいた。原文からあたって実に詳しい内容になっている。

まず、医療分野についてTPP協定書では、「医療」としてまとまった章は設けられていない。影響を及ぼす章としては第18章「知的財産章」、第10章「国境を越えるサービスの貿易章」、第11章「金融サービス章」、第9章「投資章」、第26章「透明性及び腐敗行為の防止章」など多岐にわたっている。

これまでは特許期間の20年が過ぎたら自由にジェネリック医薬品を作ることができて、私たちは随分と助けられてきている。

例えば、エイズの薬は新薬の当時は非常に高価なもので、発症してもよほどの金持ちでないと使うことができなかった。現在ではジェネリック医薬品になってアフリカ、アジアなどの発展途上国の患者は誰でも治療できるようになった。

また、遺伝子組み換えなどのバイオテクノロジーによって開発されたバイオ医薬品は、現在の医薬品の7割を占めていると言われていて、日本でもがん、糖尿病、C型肝炎などの治療薬に広く使われており、私達が病気になった時には必ずお世話になっている大事な治療薬である。

しかし、これから新薬の特許期間と重複してデータ保護期間が8年間、もしくは12年間も付加されてジェネリック医薬品が作れないとなると、日本でもその間、病院に支払う治療費が高くなっていくことになる。

2015年、C型肝炎治療薬の新薬「ハーボニー配合錠」が日本の中央社会保険医療協議会において1錠8万円で承認されたが、これらの新薬も特許期間が過ぎてもジェネリック医薬品を作ることができず高額のまま、患者は治療を受けざるを得なくなる。

政府は「日本ではこれまで特許が切れても新薬創設加算をしてきたので8年のデータ保護期

間を設けてもさしたる影響ない」と説明しているが、後述している特許期間の調整で別途TPPでは認められているので理由にならない。さらに、条文を読むと「8年は下限」（第18章「知的財産章」第51条）となっていて、そうであれば、すぐにでも日本は米国の再交渉の求めに応じて12年にしそうな気がしてならない。

◉特許が切れた新薬で、ジェネリック医薬品を作るには「通知」が必要

実は今回のTPP協定書では、データ保護期間の延長だけでなく、さらに新たな制度を設けてジェネリック医薬品が作れないようになっている。

TPP協定第18章「知的財産章」51条には次のような驚くべき規定がなされている。

○医薬品の販売に関する措置（第18・51条）

締約国は、医薬品の販売を承認する条件として、安全性及び有効性に関する情報を最初に提出した者以外の者が、以前に承認された製品の安全性及び有効性に関する証拠又は情報に依拠することを認める場合には、次のものを定める旨を規定。

（a）当該最初に提出した者以外の者が、医薬品の販売を求めていることを特許権者に通

知し、又は特許権者が通知を受けることを認める制度
（b）侵害されていると申し立てられた製品の販売前に、（c）に規定する利用可能な救済手段を求めるための十分な期間及び機会
（c）承認された医薬品又はその承認された使用の方法が請求の範囲に記載されている適用される特許の有効性又は侵害に関する紛争を適時に解決するための手続（司法上又は行政上の手続等）及び迅速な救済措置（予備的差止命令又は同等の効果的な暫定措置等）

締約国は、上記に代わるものとして、特許権者の承諾又は黙認を得ない限り、特許権者若しくは販売承認の申請者により販売承認に関する当局に提出された特許に関連する情報に基づき又は販売承認に関する当局と特許官庁との間の直接の調整に基づき、医薬品が請求の範囲に記載されている特許の対象である医薬品の販売を求める第三者に販売承認を与えることを妨げる司法上の手続以外の制度を採用し、又は維持する旨を規定

注目してほしいのは（a）の「当該最初に提出した者以外の者が、医薬品の販売を求めていることを特許者に通知し、又は特許権者が通知を受けることを認める」の部分で、どういう意味かを説明する。

これまで日本では沢井製薬等のジェネリック製薬会社は特許期間の経過を確認できたら政府の医薬品当局、厚生労働省に届出るだけで、ジェネリック医薬品をいくらでも製造することができた。

ところが今回のＴＰＰ協定文書では、届出を受けた厚生労働省は、特許権を持っている会社にそのことを「通知」しなければならなくなっているのだ。

つまり、特許権者の外資系の製薬会社にしてみれば、特許権を侵害していないかどうかを確認することができるような制度を新たに設けたのである。

特許を持っている米国のファイザーなど大手の外資系製薬会社からすると、ジェネリック医薬品が出回れば自社製品が売れなくなり、利益が減るという見通しは簡単につく。その結果、簡単にジェネリック医薬品を作らせる許可を出すわけがない。訴訟大国の米国、弁護士たちがいろいろな理由を付けて異議申し立ての裁判を起こすことになる。訴訟は引き延ばそうと思えば10年でも20年でもできる。その間、日本の製薬会社は当然ジェネリック薬品を作れないことになり、米国の製薬会社は特許権が切れても、いつまでもこれまでのような高価な医薬品を販売できることになる。

そう考えると事実上日本ではジェネリック薬品は作ることができないことになる。

◉TPPで新薬の特許期間がさらに延長される

「エバーグリーン戦略」と呼ばれる医薬品の独占期間を延長しようとする戦略がある。例えばアスピリンの場合、まず鎮痛剤（頭痛薬）として特許を取得し、新薬の特許期間20年を得る。その期間を終える頃、今度は血流がよくなる作用を基に心臓病にも効くとして特許を申請して認めさせる。これで特許期間はさらに20年延長したことになる。さらにその特許期間20年が過ぎると、今度は糖尿病にも効くとして特許を認めさせ、更なる20年の特許期間を確保する。このようにいつまでも製薬会社が儲かるような仕組みが「エバーグリーン戦略」だ。

しかし、そんなやり方は誰が考えてもおかしい。この当たり前の考えた方にもとづいて、カナダ政府は米国の大手製薬会社イーライリリー社からのある薬に対する3度目の特許の延長申請を棄却した。同社はそれに不服だとして、カナダの最高裁判所に訴えたが、「臨床実験数が不十分」として、訴えを棄却されてしまう。すると、この米国製薬会社はＮＡＦＴＡのＩＳＤ条項によって、カナダ政府に対して5億ドル（５００億円）の賠償金を請求したのだ。

ＩＳＤの仲裁判断で同社の申し立てが認められたならば、カナダの最高裁判所の判決が覆り、カナダ政府は賠償金を支払ったうえでさらに20年の特許を認めなければならなくなる。

さらに第18章48条に、米国の要求を受け入れて特許期間の延長がそのまま認められることが規定されている。

○不合理な短縮についての特許期間の調整（第18・48条）

各締約国は、効率的かつ適時に医薬品の販売承認の申請を処理するための最善の努力を払う旨、特許の対象となっている医薬品については、販売承認の手続きの結果として生じた有効な特許期間の不合理な短縮について特許権者に補償するため、特許期間の調整を利用可能なものとする旨、この条の規定を引き続き実施することを条件として、条件及び制限を規定することができる旨、及び、有効な特許期間の不合理な短縮を回避する目的で、販売承認の申請のための審査を迅速に行うための手続を採用し、又は維持することができる旨を規定

これまで日本の特許法では「特許出願の日から20年をもって終了する」となっている。実際には新薬の特許が出願されてから、サリドマイドのような副作用がないかどうか動物による試験、ヒトによる臨床試験で5〜7年、厚生労働省による審査などで2〜3年はかかってきた。

これが米国は不服で、特許期間が浸食されていて不合理な期間短縮にあたるとＴＰＰ交渉では主張してきた。

現在、子宮頸がんワクチンの副作用が日本では問題になっている。実際に苦しんでいる多数

の女性をテレビの映像などで見ていると、やはり日本人にはどのような副作用が生じるか、私達としても十分な審査をしてもらわないと不安である。しかし、ＴＰＰが発効されれば、販売することが優先され、臨床試験や検査などは大幅にカットされることになるだろう。

今回のＴＰＰ協定書では既に特許期間の延長が認められており、日本の医薬品はこれからさらに高価なものになり、安全性も怪しくなっていくことになる。

◉医師の診断、治療、手術法も特許の対象になる

２０１２年当時、まだ私が国会議員であったころ、私達「ＴＰＰを慎重に考える会」の数名の国会議員と、当時の日本医師会の役員、理事とＴＰＰについて意見交換したことがあった。当時ニュージーランドのケルシー教授からＴＰＰに関するレターをもらっていて、それによると医師の患者への診断方法、治療のやり方、手術の手順まで特許料の支払いを求められることになっていた。それを読んだ日本医師会の役員たちは顔色を変えた。緊急手術の際に特許申請者の許可が必要になる可能性や医療費の高騰など、医療行為に対する萎縮が懸念されたためだ。

その後の交渉では各国に反対されて、米国はその主張を取り下げたと聞いていたがそうでは

なかった。

もともと米国の特許法では「新規かつ有用な方法、機械、製造物もしくは組成物、それについての新規の有用な改良」であれば特許が認められることになっているので、現在、医師の診断方法などについても申請すれば、広く特許が認められている。一方、日本では特許法によって人間の診断、治療、手術の方法については明確に除外されている。

これまでの交渉のいきさつを聞いていた私としては、まさか、人間に対しての医師の診断、治療、手術まで特許料を払わされることは無いだろうと思い込んでいたが、ＴＰＰ協定の内容を調べると、とんでもないことが書かれている。

○特許を受けることができる対象事項（第18・37条）
各締約国は、新規性、進歩性及び産業上の利用可能性のある全ての技術分野の発明（物であるか方法であるかを問わない。）について特許を取得することができるようにすること、並びに公の秩序又は善良の風俗を守るために商業的な実施を自国の領域内において防止する必要がある発明等、一定の発明を特許の対象から除外することができること及び、微生物以外の植物を特許の対象から除外することができるが、植物に由来する発明については特許が与えられること、を確認する旨等を規定。

特許を受けることができる対象事項として「産業上の利用可能性のある全ての技術分野の発明（物であるか方法であるか問わない。）」となっている。

その一方、「締約国は次の者は特許を受けることができる対象から外すことができる」として「人間または動物の治療のための診断方法、治療方法、及び外科的方法」を挙げているので、締約国の判断に任せているとも読み取ることができる。

日本では国内法を変えなければ、心配はいらないことになるが、知的財産の分野でも締約国間で委員会が設けられて、絶えず交渉の話し合いが続けられることになる。果たして日本はそこでの決定事項を拒否することができるだろうか。米国のＴＰＰでの最大の狙いは「知的財産」分野で日本から特許料を取れるだけ取ることにある。日本としてはいつも交渉で圧力をかけられている状況に追い込まれる。油断はできない。

◉医薬品の価格決定に、医薬品企業が介入してくる

米国では医薬品の価格は、他の商品と同じように製薬会社が自由に価格を決めて販売できることになっている。

例えばC型肝炎の薬剤が日本では840万円の仕入れ値だが、同じものがイギリスは500万円、エジプトでは10万円で取引されている。このC型肝炎の薬もバイオ製剤であるが、原価は100円もかからない。製薬会社は開発に莫大な資金をかけたので回収のために高くせざるを得ないと主張するが、開発費は毎年経費で償却しているのだから本当はおかしい。

私達にとって医薬品は命に関わる大切なもので、米国のように弱肉強食の市場原理に任せるべきものではない。

日本では中央社会保険医療協議会の答申によって、国民の生活を考慮して、且つ国も財政負担しなければならなくなっている事情を考慮しながら厚生労働大臣が薬の価格を決めている。

日本の医療費は世界的にも低いとされているが、医薬品の価格は、各国と比較して本当に低く抑えられてきたのだろうか。

次ページのグラフを見てほしい。

これによると、日本の薬価はドイツ、フランス、イギリスと比べて決して安くない。米国よりもやや安いくらいで、むしろ日本の薬価は高い方だと言える。TPPが批准されたら、米国並み、あるいはそれ以上に高いものになるかもしれない。

韓国も、従来は日本と同じような薬価の決め方をしていたが、米韓FTAで、独立した機関を設けて、そこに米国等の外資系製薬会社も参加し、事実上薬品価格の設定に参画できるよう

●イギリスを100とした各国の相対薬価 （2010年患者購入価格）

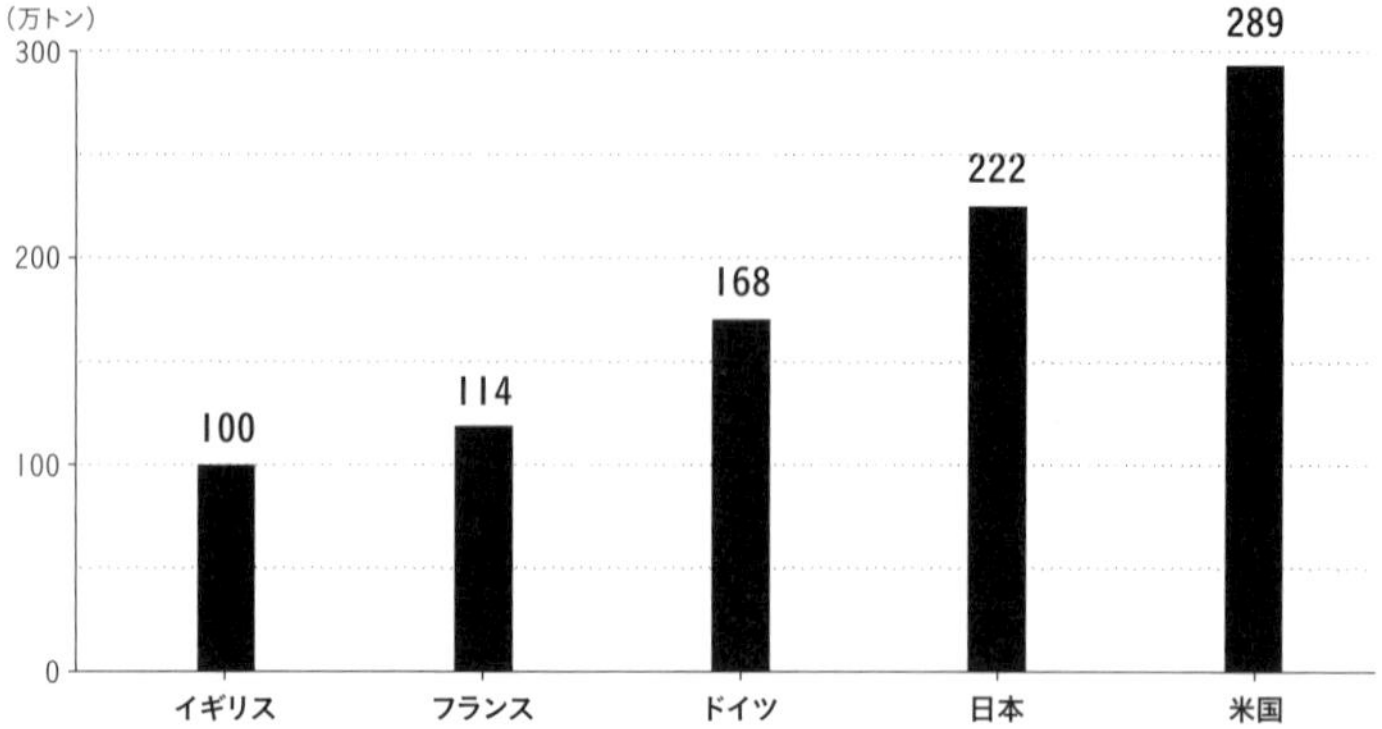

全国保険医団体連合会「薬価の国際比較調査結果」（2011年12月22日）
※日本の売上上位100位までの薬剤で、米国、ドイツ、フランス、イギリスのうち3か国以上の国で薬価が判明した薬剤77品目の幾何平均値

になった。韓国では米国などの外資系製薬会社の主張が薬価の決定に大きく影響するようになって国民健康保険などの医療費がすでに高騰してきている。

米国は、韓国の医療費の財政負担を重くすることで、国民健康保険を形骸化し、それによってアフラックなどの米国民間保険会社の市場拡大を狙っているのだ。

２０１５年11月、韓国からソン・キホ弁護士ら８人の弁護士が来日し、私達日本のＴＰＰ違憲訴訟の弁護団と意見交換をした。

その時ソン・キホ氏は次のように語った。

「韓国ではこれまで医薬品の価格を決めるには先ず〝薬剤評価委員会〟にはかって、その価格で国民健康保険の理事長と、政府の保健福祉部部長が話し合って決めてきた。決めるにあたっては、国内の事情を考えて比較的安い価格で薬価が決められてきたが、事情は米韓ＦＴＡで変わってしまった。これまでも〝薬剤評価委員会〟の決定に対しては、新薬を開発した製薬会社は内部的に異議を述べて調整するような手続きはあったが、今では外部の異議審判機関が作られて、そこが政府とは独立した形で異議の内容が妥当であるかどうかを決めることになっている。すでに、２０１５年9月から２０１６年の間に異議が認められたのは9件、一部の異議が認められたのは11件もある」

ところが、今回のＴＰＰでは各国が関心を持っている薬品価格の決め方についてはＴＰＰ協定書をいろいろ調べてみても、直接の規定は見当たらない。何故だろうか。

私達ＴＰＰ違憲訴訟弁護団でも、いろいろ検討した。すると、意外なことが分かった。政府は官僚たちと示しあわせてすでに医薬品などとは直接関係のない行政不服審査法を２０１４年に改正して、医薬品の価格の決定のための独立した機関を作り、そこに外資系の製薬会社の意見が反映できるような制度を作り上げていたのだ。

同改正案では厚生労働大臣が薬品の価格を決定した場合、韓国と同じように米国の製薬会社でも不服申し立てができるようになっている。しかも、その不服の申し立ては厚生労働省ではなく、総務省に設置される第三者委員会で審議されることになっている。

この第三者委員会の構成だが、いまだに政府は明らかにしていない。おそらくここに外資系製薬会社の関係者が任命される手はずになっているのではないか。残念なことにそれを拒否できるような法律は現在の日本にはない。

仮にそうではなかったとしても、第三者委員会が米国の製薬会社が求めているような価格設定をしなければ、直ちに行政訴訟に持ち込むことになり、訴訟になれば少なくても10年はかかることになる。その間、医薬品の価格は米国の製薬会社の当初決めた高い価格で販売され続けることになる。

これが日米の外務、厚生官僚の間で周到に用意されてきたシナリオだったのだ。

このことはTPP協定第26章の「医薬品及び医療機器のための透明性及び公正に関する附属書」からも言える。透明性を判断する委員会の構成員には米国の製薬会社の関係者が入るだろうことが予定されているのが透けて見える。

◉医療保険に収載される医薬品はどうなるか

かつて国会議員でつくる議連「TPPを慎重に考える会」で厚生労働省の官僚を呼んで、TPPで米国から何を求められているかを質問したことがある。

当時の官僚が出したペーパーによれば、医薬品の保険による払い戻し制度を止めるような要求についての記載が残っている。

日本の医療保険、国民皆保険制度では国民にできるだけ安く平等な治療が受けられるように、薬品の価格を低く抑えて、しかもそれでもなお高い場合には国費を投入して世界で最も充実した医療制度を維持してきた。

しかし、米国としては、日本のそのような制度が「自由で公正な価格」になっていないとして、薬品の価格も中央社会保険医療協議会の答申を重視するのではなく、自由市場経済に任せろと要求してきたのだ。

ところが、今回のＴＰＰ協定書を見ると、趣が変わっていた。米国などの外資系製薬会社は方針を変えたようだ。

米国ではユニバーサルヘルスケア制度（通称：オバマケア）が進められているが、これは米国民にとても評判が悪い。日本では国民皆保険のように報道されているオバマケアだが、中身はその逆で民間の保険会社と契約しなければまともな医療は受けられず、さらにここが肝心なところだが、各州、各地区には高額な医療保険会社が一社か二社しか存在していない。一部の高額医療保険会社が独占状態にあるために人々は保険に入れない。

ちなみに、オバマケアの条文を書いたのは高額医療保険会社の弁護士だったといわれている。

米国の医療保険会社は、オバマケアによって医療保険制度を利用して大きな利益を得ることの妙味を学習したのだろうか。TPP協定でも、国民皆保険制度を利用して、高い薬品価格を保険に収載させて、期待した利益を得ることができるようになっている。

これまで日本は国民皆保険を守るために、保険収載の薬価を低く抑えることにあらゆる努力をしてきたが、今回のTPP協定文を読むと米国側の要求をすべて受け入れてしまったことがわかる。

今、私達は国民皆保険のもと安心して医療が受けられる環境にある。病院に行けば保険適用のおかげでタミフルによる治療であっても2000円程度で受けることができる。

しかし、TPP協定を読むと、今後は医薬品が高くなってこのような治療ができなくなる。ちなみに、米国ではタミフル1錠7万円である。

◉米国では金持ちでないと医療は受けられない

私の友達で酪農家の山下英俊氏が2015年に米国で、突然脳梗塞で倒れた。幸い、1日入院して薬の治療だけで元気に帰ってきた。

その2か月後、山下氏が米国の病院の治療費の請求書を持ってきたので見せていただいた。

驚いた。請求書には304万円と書かれてあった。

米国では「救急車は呼ぶな」と言われる。呼ぶと20万円とられるためで、だから、米国人は滅多なことでは救急車を呼ばないと聞く。歯の治療も高い飛行機代を払ってでも日本で治療を受けた方がいいとよく耳にする。

現在では、米国はオバマケアになっているが、堤未果氏は『沈みゆく大国アメリカ〈逃げ切れ！　日本の医療〉』の著書の中でオバマケアを厳しく批判している。

結局は保険収載の医薬品の価格について野放しにしたがために、保険料の値上げが生じ、米国民は相変わらず高い医療費に苦しんでいる。高い医療費が払えなくて破産する人(医療破産)が、米国の破産事件の6割を占めていると言われている。

マイケル・ムーア監督の『シッコ　SiCKO』(2007年)という映画を見たことがあるだろうか。米国では、救急車でERに運ばれても、加入している保険会社に連絡して保険会社の同意が得られなければ緊急手術もできない。指を切断した患者が、医師から指1本で300万円2本繋ぐなら700万円かかると言われるシーン、入院費がなくなったお年寄りをタクシーで公園に連れて行って捨てるシーンなど、日本では考えられない場面が次々と出てくる。

私は当時、民主党の政権交代前でネクスト厚生労働大臣をしていたので、これからの日本の医療が米国のように金持ちでないと受けられないような世界にしてはならないと考えて、民主党の全議員に呼びかけて憲政記念館で『シッコ』の上映会を開いた。当時の小沢一郎代表、鳩山由紀夫元総理、菅直人議員などほとんどの議員に見ていただいた。

「確かに、米国などと比べても、日本の国民皆保険制度は素晴らしい」「世界に冠たるものだ」「突然倒れて救急車を呼んでも分け隔てなく病院で治療してくれる。たとえお金がなくても」と良い反響があった。

私も2011年に腎臓の移植手術を受けて2週間入院したが、高額療養費制度の適用を受けて9万円で終わった。

しかし、この国民皆保険制度もTPP協定によって、徐々にではあるが確実に壊されていくことが明らかになってきた。

(2)TPP協定で日本の国民皆保険制度はどうなるか

◉国民皆保険制度が危なくなる

政府はTPP協定でも国民皆保険制度は守れたから安心であると国民に説明している。本当だろうか。

確かに、TPP協定では第11章「金融サービス章」には「締約国が採用し又は維持する措置であり、公的年金計画又は社会保障制度に係る法律上の制度の一部を形成する活動やサービスには適用しない。ただし、公的機関又は金融機関との競争を争うことを認める場合には当該活動又はサービスについて適用する」とある。

それだけを読む限りでは、政府が説明しているようにあたかもTPP協定では国民皆保険制度は守られたかに見える。

ところがその条文の「金融機関」が示すものとして、私達日本人には銀行しか馴染みが無いが、原文では「FINANCIAL SERVICES」となっていて、これは銀行、クレジットカード、保険、会計、証券取引、投資ファンドなどの業務を意味する。保険会社といえば、日本生命とか三井住友海上火災とかいろいろあるが、外資系としてはがん保険を一手に手掛けているアフラックが有名である。

米国の弁護士に知人が多い事情通の苫米地英人氏に原文にあたって調べて頂いたが、苫米地氏も私と同様の見解だった。

「これでは〝国民皆保険は守られた〟ではなく、外資の巨大保険会社に40兆円の市場を明け渡したことになる。いずれ国民健康保険は交通事故の自賠責保険のようになって、米国のように民間保険会社との競争になってしまう」と。どう考えても、政府は国民を騙しているのではないか。

すでに、テレビのコマーシャルでも、日本生命もアフラックも「入院保険」ではなく「医療保険」としての宣伝を始めている。

仮に国民健康保険も、アフラックなどの外資の保険会社と競争できるようになったら、TPPにおける「公正、衡平」の原則、「内国民待遇」の規制によって、国民健康保険だけに国費を投入することはできなくなる。

そうなれば、5、6年後には現在の私達が負担している健康保険の保険料は米国並みになって現在の支払い額の2、3倍になっていくことになるのではないだろうか。

さらに重要な部分がTPP協定の本文ではなく、日米間での公的医療保険に関しての附属文書にあった。そこには次のように書かれてある。

○医薬品及び医療機器に関する透明性及び手続の公正な実施に関する附属書の適用に関する日本国政府とアメリカ合衆国政府との間の文書（概要）

附属書に規定する協議制度の枠組みの下では、両国政府は、附属書に関するあらゆる事項（関連する将来の保健制度を含む。）について協議する用意があることを確認これを読めばわかるとおり、日本政府は今回のTPP協定で国民皆保険制度は守られたと言いながら、米国とは健康保険制度についても将来、民営化することを書面で約束したことになる。その将来がいつになるか定かでないが、すでに混合診療、先端医療において民営化は始まっている。

◉混合診療での先進医療は将来、保険の適用がなくなる

官邸主導で医療の国家戦略特区を設けて、本格的に混合診療を全面解禁することが進んでいる。おおさか維新の会の代表だった橋下徹氏が大阪府と大阪市から始めると手を挙げていた。

では、混合診療とは何だろうか。

例えば、保険適用の治療をうけているがん患者が、新たに最先端のがん治療のための新薬を高くても使う場合を指している。保険適用の治療については保険でまかない、保険外の先進医療を受けた場合は、その保険外の部分のみ自己負担ということになる。

このように聞くと混合診療は一見合理的に見えるが、よく考えてほしい。

25年前にはCTやMRIは日本で1台しかなかった。まだカテーテルもなかった時代だ。そ

の当時はこれらの医療器具、治療方法は「先進医療」だったのだ。これをあの当時に「混合診療」として認めていたら、保険適用されないまま、現在の歯科のインプラントのように数百万円支払わなければ治療を受けられなくなっていただろう。今日のように誰もが、保険適用で気軽にＭＲＩなど受けられなかったのだ。

現在では厚生労働省が陽子線治療や重粒子線治療、遺伝子解析・診断などの先進医療（２０１５年12月現在１０８種類）を混合診療として認めている。

この制度では、保険適用可能な治療部分については保険でまかなわれ、その上で先進医療を受けた場合、その部分のみ患者が全額負担で支払うことになる。

認定外の先進医療には保険は適用されないので、この分野については民間の医療保険商品の販売を認めるに至っていて、国民もいざという時の備えとして民間保険会社に加入している。

しかし、これによって日本の国民皆保険制度が総崩れすることになりはしないか。

この混合診療の問題は、小泉政権時代の竹中平蔵氏たちからの規制改革要請として何度も蒸し返されてきた。医療関係者、患者団体も国民皆保険制度が崩れるとして反対、最高裁判所の判決でも「混合診療の原則禁止は憲法に違反しない」としている。

ところが、安倍晋三内閣になって規制改革会議は露骨に混合診療の全面解禁をもとめてきている。極端に言えば、安全性と有効性が確認できなくても患者が望むものであれば、保険適用と並行して認めればいいではないかといった見解であった。

2015年5月の参院本会議は、あの安保法案で国民もメディアも大揺れに揺れていた。安倍政権はその嵐の中で、ひっそりと医療保険制度改革法案を通過させて、「患者申出療養制度」を成立させてしまった。これによって、患者が希望すれば、先進医療を受けることが可能になった。

そして2016年4月、患者申出療養制度は始まった。

これこそがTPP交渉における米国側の要求であった。確かに現在はまだ混合診療の全面解禁にはなっていないものの、これによって保険適用のない自由診療の枠が広がって、そこに米国などの外資系保険会社の医療保険商品の市場が広がったことになる。

患者の希望どおりの医療ができるといって歓迎するむきもあるが、私には、これによって、日本が世界に誇る国民皆保険の堤防の一角が崩れ始めたように思えてならない。この制度によって、公的医療保険の適用は〝従来どおりの医療法〟までと線引きされてしまった。裏を返せば、日進月歩の新薬、治療法には公的医療保険の適用がなくなったといえる。

たぶん、これで医療費の高騰を抑えられたと財務省は喜び、外資系保険会社は大儲けができるとほくそ笑んだに違いない。

◉外資系保険会社から、ISD条項で政府が損害賠償を求められる

先進医療の分野でアフラックなど外資系保険会社が保険商品をすでに売りだしている。今後は「患者申出療養制度」などによって自由診療の範囲はますます広がっていくので民間医療保険の商圏はさらに広がる。

そのような時に、先進医療の安全性と有効性を厚生労働省が確認して公的医療保険に収載するとしたらどうなるだろうか。

本来はそうならなければ国民皆保険の意味はないが、アフラックなど外資系保険会社にとっては収益が奪われることになる。TPP協定の恐ろしさはここから始まる。

TPP協定では第9章「投資章」第B節に投資家と国との間の紛争解決についての規定（ISD条項）がある。アフラックなど外資系保険会社は、期待した利益が政府の措置によって得られなくなったとして日本政府に対して莫大な損害賠償をISD条項に基づいて求めてくることができる。（TPP協定第9章7条）

「患者申出療養制度」によって公的保険の対象外となる先進医療は、事実上これから先も公的医療保険として収載することはできなくなる。

◉民間病院は株式会社になる

日本ではこれまで医療法で「医療はかけがえのない生命、身体の安全に直接関わるもので、これらを営利企業に委ねるのは適当ではない」とされてきた。だから株式会社が病院や診療所を開設することは日本の医療法では認められていなかった。韓国でも、日本と同じように公的保険制度があり、これまで医療は営利目的でするものではないという認識のもと、株式会社型病院を認めていなかった。

しかし、米韓FTAの締結前、仁川、光陽、釜山などに医療特区を設けて自由診療を始めて、民間の医療保険会社に競合させていた。そこには外資系の株式会社の病院も誘致していたが、現在ではこれまでの医療法人の病院が次々に株式会社に衣替えしている。

TPP協定発効後では日本も営利を目的とした株式会社の病院ができていくことになる。TPP協定第10章「国境を越えるサービスの貿易章」では、原則すべてのサービス分野を対象としたうえで、自由化、市場開放を求めている。

病院の医療行為も当然「サービス」に該当する。しかも、ネガティブ方式での記載なので日本政府としては自由化しないサービスを附属文書で例外として明記しなければならない。政府は医療を将来留保（将来新たに規制することのできる分野）したと言っているが、それだけでは安心できない。将来の留保では、いつでも自由化、民営化ができるのだ。

ＴＰＰ加盟国の米国、オーストラリア、ニュージーランド、シンガポールなどでは営利目的の病院は認められている。おそらく安倍政権でもこういった国々にならって、医療戦略特区で、まず株式会社の営利法人を認めていくものと思われる。

先述した寺尾正之医師の話では、実際に「かながわバイオ医療産業特区において高度美容外科医療の診療所が株式会社として認められた。ところが同診療所には医療保険が適用されなかったのでうまくいかなかった」とのこと。

しかし、ここに大きなリスクを抱えていることに私達は気が付かなければならない。例えば、その株式会社型の診療所の株式を外資系の民間病院が取得したとしたら、直ちに日本政府はＩＳＤ条項で「公的保険の適用を認めないことは公正、衡平の原則に反する不公平な貿易障壁である」として訴えられることになる。

◉国連人権委員会理事がＴＰＰ協定に署名、批准しないように要請

ＴＰＰ加盟12か国の国民、市民団体、環境団体がこれだけ反対している中、異例なことが生じた。

国連人権理事会の独立専門家アルフレッド・デ・サヤス氏が12か国の政府に対してTPP署名式が目前に迫った2016年2月2日、署名も批准も拒否するように書簡を送ったのだ。サヤス氏は、国連人権理事会が民主的で公正な国際秩序を推進する〝独立専門家〟として初めて任命した人物である。

国連機関がこのような「署名」「批准」の拒否を要請することは極めてまれなことである。

その内容を要約すると、このようになる。

「世界中の監視団はTPPに反対している。それは出発の時から国際人権規約ICCPRの19条および25条に対する明確な違反であり、国家が不当な企業活動を規制できなくなる。多様な利害関係者（多国籍企業）による秘密裡の交渉で作り上げたものであり、ことにISD条項に関しては、仲裁条項は根本的に不均衡、不公正、不当なものだと断定し、企業のロビー活動家達を厳しく非難している。もしTPPが発効されるべきものであるならば、それが国際法に合致しているかどうか国際司法裁判所（ICJ）で争われる必要がある。ICJに要請すれば、ICJは今すぐにでも勧告的意見を出すことができるであろう。何故ならば、貿易協定と国連憲章との間に矛盾がある場合（国家の主権、人権、開発にかかる条項も含まれている）は国連憲章を優先させるべきだとICJは宣言しているからだ」

なかなか報道されないが、日本政府としてもこの国連人権理事会の批准拒否の要請は真剣に受け止めなければならない重い言葉である。

（3）知的財産権の章でインターネットの自由が失われる

◉特許期間が50年から70年に。違反した場合の損害賠償額も法定額になる

この章の最後は、医療とは異なるが、TPP協定の知的財産権ではどうしても知っておかなければならない、著作権、商標などに関して説明しておきたい。

米国では製造業が衰退してのち、巨大なIT産業や多国籍企業が知的財産権での著作権、商標などで莫大な収益を上げている。今回のTPPでは、この特許権、著作権、商標などの権利の期間を延長し、さらに複製などの取り締まりに刑罰などの罰則を強化して、収益の拡大を狙っている。

TPP協定第18章63条には特許期間がこれまで50年だったものを70年と定められている。

特許期間が長くなれば、海賊版も撲滅でき、それこそ、日本のお家芸であるアニメ、漫画などのコンテンツが活かせるだろう、日本としても利益になると主張する人達もいるが、現在、

日本の知的財産権の貿易収支は８０００億円の赤字で、日本は支払い超過となっている。

つまり、特許権が強化されても、米国のアニメキャラクターなどが巨額の利益をあげ続けるだけで、日本にとっては国際収支の赤字幅が拡大していくに過ぎず、何のメリットもない。

また、漫画、アニメなどの若い作家の厚い層を支えているのは、手塚治虫さんなどの二次創作品だと言われている。毎年開かれているコミケには50万人もの人が集まって、同人誌即売会が開かれている。そこには若い作家の二次創作品が多数売り出されいて、それが彼らの貴重な収入源となるが、これらも明らかに特許権を侵害している。

日本には、すでに特許の切れた作家の小説などを青空文庫などとして、誰でも広く読めるようにしてきたが、これからはそういったこともできなくなる。

さらに心配なことがある。

ＴＰＰでは新たに「法定賠償制度」が設けられている。

日本のこれまでの民事裁判では、特許権、著作権などを侵害した場合には、損害額、慰謝料の請求は10万からせいぜい１００万円ほどしか認められなかった。

ところがＴＰＰ協定第18章72条6には法定の賠償額の支払いが求められていて、その金額についても、「法廷の損害賠償は侵害によって引き起こされた損害について権利者を保障するために十分な金額、及び将来の損害を抑止することを目的として定める」となっている。

「権利者を保障する十分な金額」がどのくらいかはわからないが、ＩＳＤ条項での損害賠償額が巨額であることからしても、驚くような賠償額が定められることになるものと思われる。併せて同条文には「追加的な損害賠償」を求めることもできるようになっている。

全国で行われているパロディなどもそうだが、ＴＰＰ協定では特許権に反したとして、巨額の法定の損害賠償を求められることになる。このようなことになれば、日本でも漫画、アニメ等得意としてきた分野での自由な創作活動が萎縮してしまうことになる。

◉インターネットでシェア、拡散したら〝逮捕〟されることもある

さらに怖いのが親告罪に関するものになる。

これまで日本では著作権を侵害しても刑法上、親告罪（告訴がなければ公訴できない犯罪。要は被害者が訴えなければ刑事裁判に問われることはない）となっていたので、著作権者が刑事告訴しなければ、刑法上の処罰を受けることはなかったので安心だった。

しかし、今回は異なる。

ＴＰＰ協定第18章77条に「刑事上の手続き及び刑罰」について厳しく定められているからだ。

○刑事上の手続き及び刑罰

各締約国は刑事上の手続き及び刑罰であって、少なくとも故意により商業的規模で行われる商標の不正使用及び著作権又は関連する権利を侵害する複製について適用されるものを定める。故意による著作権又は関連する権利を侵害する複製について、「商業的規模で行われる」行為には少なくとも次の行為を含む。

(a) 商業上の利益又は金銭上の利得のために行われる行為

さらに、同条の6には、何と「拘禁刑及び将来の侵害行為を抑止するための高額の罰金」を課すことまで定められている。これからは刑法上も重罪扱いになる。

第18章では当然ながら、著作権として電磁的記録も含まれている旨明記されている。とすると、私はブログとかフェイスブックでよく、気になる新聞記事、もっともな意見などを自分のコメントを付してシェアしているが、これも著作権の侵害に当たってしまう。

私達TPP違憲訴訟弁護団でも先日、第5回目の口頭弁論に備えて知的財産権の章について議論した。その時に問題点を列記したコピーを配布した。

TPP協定では、我々が内部で議論するためにコピーして配った資料も、書いた人の承諾がなければ著作権の違反になる。

皆でこれからは、容易にコピーもできなくなるのだと話し合った。

このような場合にも、前述した巨額の民事上の法定賠償金の支払いをしなければならないことになる。

刑事上の罰はどうなるのだろうか。

例えば、私が本を書くために、インターネットで資料を収集する、一時的な電磁記録であるがこのような場合も著作権の侵害に当たる。勿論作家でもないので、商業上の利益を目的としたものではないが、本が出版されたら印税が入ってくる。

そうなったら「金銭の利得のために行われる行為」に該当することになって、私は警察の判断次第でいつ逮捕されてもおかしくないことになる。

親告罪から非親告罪になったことの怖さはここにある。

私達の普段行っている行為がいつ警察に逮捕されてもおかしくない状況に晒されることになる。

すでに政府は、国会にＴＰＰ協定の署名に伴う関連法案として、著作権法の改正案を提出している。

現在継続審議中だが、そこでも親告罪から非親告罪に改正案はなされている。

日本のメディアが本当の報道ができなくなった現在、少なくともネットの世界だけは自由に意見を述べて、それを広くシェア、拡散していくことが大事なことであるが、それもできなくなることが現実のものになりつつある。非常に残念である。

◉政府がサーバーを規制管理することができるようになる

2013年10月1日、マレーシアからアンワル議員とサンチャゴ議員を日本に招いてTPPの国際シンポジウムを開いたことがあった。

その時、サンチャゴ議員が私に次のように語った。

「世界各国どこでもアルジェジーラの番組を見ることができるが米国ではできないようになっている」と言われた。

米国は報道、ネットでも自由な国だと思っていたので驚いた。

TPP協定第18章80条には「ソフトウエアの政府による使用」として次のように書かれてある。

○ソフトウェアの政府による使用

各締約国は、自国の中央政府機関が、著作権及び関連する権利により保護され、かつ、知的財産権を侵害しないコンピュータ・ソフトウェアのみを使用すること並びに該当する場合には関連する許諾により認められた方法によってのみ当該コンピュータ・ソフトウェアを使用することを定める適当な法律、規則、政策、指令、政府が発出する指針又は行政上若しくは執行上の命令を採用し、又は維持する。これらの措置は、政府による使用のための当該コンピュータ・ソフトウェアの取得及び管理について適用する。

普通に読んでも意味はわかりにくいだろうが、実はこれは大変重要な条文となる。この条文で政府はプロバイダーを規制することができるようになるのだ。

どこの国でも政府は国民に知られたくない情報がある。グローバル企業にとってはタックスヘイブンの話など知られたくないものはいくらでもあるだろう。

しかし、この条文があれば、政府は法律で罰則などを設けてインターネットを管理規制することができるようになるのだ。

そうなれば、IWJなどのネット上の独立系のメディア、そして今では誰でも動画などで自由に発信しているネット上のソフトウェアの使用が規制されることになる。

私達国民の基本的人権として保障されている国民の「知る権利」「表現の自由」が大きく損

なわれる規制がＴＰＰでなされようとしている。怖ろしいことである。

第6章

国有事業と公共調達

水道民営化で上下水道料が4倍に？

もし、こんなことになっても対策ナシ。
しかもTPPには、一度民営化したら二度と公共事業には戻せないルールがある

2025年までに
水は110兆円の巨大市場
になると言われている

水道民営化
水道代が払えない…
上下水道を多国籍企業に請け負わせたボリビアのコチャバンバ市では、水道代が月収の３割に値上げ。市民は雨水をためてしのいだんだよ

国有事業と公共調達

(1)これまで国、自治体から受けていたサービスが民営化に

◉国、自治体が行う行政サービスも自由化の対象に

私達は日常生活の中で、水道、ガス、電気、公共交通機関、レストラン、学校、病院、電話、スマホなどとあらゆる〝サービス〟を受けて生活している。

これらの〝サービス〟はすでに先進国の間ではＧＤＰの７割を超えて、雇用もその割合で伸

びてきている。

TPP協定では第10章「国境を越えるサービスの貿易章」、第17章「国有企業及び指定独占企業章」、第15章「政府調達章」に加盟国の間ではどこの国でも同じようなサービスを受けられ、サービスの提供者もどこの国でもサービスを提供できるようなルールを規定している。

これまでの貿易通商条約では、「商品アクセス」の章で商品の関税を削減、撤廃して、相互に市場を開放して貿易を拡大してきた。

今回のTPPでは物品についてだけでなくサービスの分野も相互に開放してビジネスチャンスを拡大しようと、かなり大胆なルールを規定している。

なかでも、これまでは国もしくは自治体の権力の行使と思われてきた分野、国有事業、公共調達のところまで自由化、米国などの外資系の企業が参入できるようになった。

ニュージーランドのオークランド大学のケルシー教授は、かねてから「この国有事業の章は問題が多く、農産物らの交渉に次いで最も困難且つ国民にとっては危険な分野になる」として警鐘を鳴らしてきた。私にも各国の農産物関係交渉の次に大きな課題になると話していた。

2015年7月ハワイのマウイ島でのTPP閣僚会議の2日目の朝、「ケルシー教授から山田さんへのプレゼントです」と言ってサーニャさんから小さなカード（メモリーに入ったチップ）を渡された。「カードの中には24時間後にはウィキリークスから世界にリークされる、T

ＰＰの国有事業についての交渉内容が収載されています。山田さんがどのようにでも考えて、措置してください」と彼女に言われて、私は緊張したのをよく覚えている。

当時、ハワイ島に来ていた内田聖子さん、三雲崇正弁護士、近藤康男さんにお願いして、分担して読み込んで、夕方から、皆で内容について議論した。

まず、その内容だが、２０１３年に米国の首席交渉官から各国の首席交渉官に渡された、国有事業に対する米国からの提案だった。

日本では国有事業については、それまではほとんど報道されることもなかったもので、国の政治の専権事項、地方自治体の専権事項、国、自治体の外郭団体、独立行政法人、第3セクターなどを通してなされてきた行政上のサービスについても市場開放して、民営化、グローバル企業に市場としてのビジネスチャンスを与える大変な内容だった。

考えようでは、国の主権、地方自治体の分権にかかわる大きな問題だったといえる。

私達は徹夜で、その内容の仮訳、私が書いたコメントをホテルで印刷して、翌日朝、ウィキリークスが世界に発信すると同時に、日本人の記者たちに配布して回った。

反応は鈍かった。残念ながら、ほとんどの記者から無視された。

日本のメディアは政府の発表のみ記事にするだけで、ジャーナリストとしての気概は皆無だった。

ＴＰＰ協定の全文が明らかにされた現在、「国境を越えるサービスの貿易」の10章、「国有事業」の17章、「公共調達」の15章を、ＴＰＰテキストチームで確認すると、あの時のペーパーとほぼ変わらない内容なので、今更ながら私達は驚いている。

◉国有事業は郵政事業の市場開放、民営化と同じ道をたどる

ＴＰＰ協定の第17章の「国有事業章」が、如何にこれからの日本にとって大きな変化をもたらすことになるかは、すでに小泉政権の時に先行された「郵便事業の民営化」を考えれば実に分りやすい。

今回のＴＰＰ協定の日米の交換文書にも郵政のことは書かれてある。

かつて、小泉政権の時、竹中平蔵氏が中心になって構造改革の一環として郵便事業を民営化した。

当時の米国が日本に送った「対日年次改革要望書」を読んでいくと、日本郵政民営化の裏でリチャード・アーミテージなど米国のジャパン・ハンドラーと呼ばれる人たちが、周到な準備をしていたことがよくわかる。

当時、郵便事業の民営化はニュージーランドが先行しており、預貯金の業務も当時オースト

ラリアの大手の銀行に売却して合理化を図ったのが、日本でも大きく報道され、もてはやされたことがあった。

しかし、ニュージーランドも、民営化はしたもののグローバルサービスができなくなって国民の不満が巻き起こり、すぐに郵便貯金業務などとともに国営に戻している。

各国とも郵便事業は赤字に苦しんでいる。

しかし、国民にとってどのような僻地でも同一の料金で郵便物が届けられることや郵便で現金を送ることができる書留郵便、裁判所の公示送達など、採算が取れなくても続けなければならない重要な役割が郵便事業にはある。だからこそ、郵便は民営化になじまない公共のものだとして、どの国でも国営で維持して、米国ですら「USポスタル・サービス」として、民営化などしていない。

当時、日本の郵便事業も、本来の郵便業務は赤字であった。しかし、郵便貯金、かんぽ生命の業務で利益を上げていたので、郵便業務全体としては十分賄えていた。国からの税金の投入などの必要はなく、今考えれば、世界各国の郵便事業と比較しても、実にうまく機能していたのだった。

米国の本当の狙いは270兆円の郵便貯金とかんぽ生命の85兆円の運用資産にあったものと思われる。

当時、その是非を巡って、自民党を二分するような激論になった。小泉政権は「郵政解散」を断行して、反対派には刺客を送り込むなどして、日本中が大変な騒ぎになった。

小泉劇場と言われた選挙戦は小泉純一郎首相の圧勝で、米国の思惑通り実際に日本の郵便事業は民営化された。

それまで、国営として営まれてきた郵政事業は、2007年10月には郵便事業本体と預貯金事業、かんぽ生命などの保険業務と3分割されて、それぞれ株式会社に衣替えさせられた。

当初は、離島、僻地などの郵便事業のグローバルサービスは堅持すると政府は国会でも答弁していたが、私の住んでいる五島列島でも次々に郵便局は廃止されていった。

2009年、自民党から民主党に政権交代して鳩山政権が誕生した。

民主党政権は、日本郵政の貯金、かんぽ生命の運用資産の市場開放を一時凍結して270兆円の国民の資産が米国などの外資系ファンド、証券などの投機に使われるのを阻止した。

日本郵政株式会社の株も、民営化になれば当然売り出さなければならないが、外資などに株式を買われてしまうのを防ぐために、株の放出も停止した。

そのころの地方の郵便局も窓口が郵便と貯金、保険と3部屋に壁で仕切られて、お客も待たされるなど苦情が殺到して現場は混乱していたが、政権交代後は、窓口も何とか1本化することができた。

かんぽ生命は新しいがん保険と新しい学資保険の商品を開発して、当時売り出すばかりで、総務省、財務省も了解していた。

私も当時は与党にいて、郵政事業にも関わっていたのでよく覚えている。

2012年、野田政権は総選挙に敗れて、再び自民党政権、安倍晋三内閣に代わった。自民党、安倍政権は米国の強い意向を受けて、かんぽ生命のがん保険の新商品、学資保険の販売も直ちに取り止めた。

そして、あろうことか、かんぽ生命がライバルとしていたアフラックのがん保険を売らせたのだ。

これには、事情があった。

自民党、安倍政権がTPP交渉に参加して、日米並行協議が始まった。並行協議では「政府は規制改革会議の提言に従って実施する」となっている。そこでこれまでの米国商工会議所、年次改革要望書の要求通りに、郵政民営化の仕上げがなされることになったのだ。

これらのことは、今回のTPP協定でも明らかで、協定書の第11章「金融サービス章」附属書「郵便保険事業体における保険の提供」ではかんぽ生命が金融庁の管轄の下、民間保険会社と同等の規制を受けることが決まっている。

さらに、保険等の非関税措置に関する日米並行交渉に関する書簡では①日本郵政の販売網へのアクセス②かんぽ生命が民間保険会社よりも有利になる条件の撤廃③かんぽ生命の財政諸表等に関する措置について認識を一致したと明記されている。

残念ながら、現在では全国の郵便局従業員はアフラックからのノルマを課せられて、必死になってアフラックのがん保険を売ることに奔走している。

一方、肝心の国民のための郵便事業はグローバルな公的サービスが縮小し、僻地、離島から次第に受けられなくなってきた。

私の生まれた五島列島では、歩けなくなったお年寄りのために郵便配達員が年金を届けてくれていたが、それもできなくなって、おコメも買えなくなって餓死者まで出ている。

２０１６年2月29日の時点での日本郵便の発表では、営業中の郵便局が２万４１３５しかなく、すでに9年間で廃止、若しくは閉鎖されている郵便局は簡易郵便局だけで４５４局、本局は２９５局もある。

現在では、日本郵便の社員の数は40万人を切ったといわれ、約半数の20万人以上が非正規社員になっている。

２０１５年には安倍政権は前倒しして、本格的に日本郵政の株式会社の株を売り出した。

外資系金融機関からも日本郵政の株式は購入されることになって、現在残っていた２０８兆円の郵便貯金、かんぽ生命86兆円の運用資産も外資系金融機関の思いのままに運用されることになるのではないだろうか。

これこそが、国有事業の市場開放で、米国のウォール街のメガバンク、JPモルガン、ゴールドマン・サックスなどの狙いであったろう。

郵政はTPP協定の内容からしても、本格的な民営化、企業としての合理化がすすめられることになって、郵便局の数も従業員も激減していくことになる。

本書の第5章日本の医療で述べたように、公的健康保険も、先端医療の分野から、民間の医療保険が導入されてきた。いずれ、アフラックも民間医療保険に乗り出し、それを郵便局員が販売することになるのではないだろうか。

ここまで詳しく、郵政民営化を説明したのは、これから述べる国や、地方自治体の国有事業（本来ならば公有事業というべきだが）がグローバル資本に狙われているからだ。地下鉄、高速道路、空港といった交通や国立病院機構につながる154の国立病院等がこのままではTPPで郵便事業のようになってしまうことが、私には容易に想像できるからである。

◉米国が狙っているのは日本の共済などの運用資金600兆円

私はＴＰＰのことについて、米国政府関係者、国会議員、産業界などの関係者からよく意見をお聞きしたが、当初言われたのが「ＴＰＰになったら共済保険制度は廃止していただきたい」との話だった。

確かに２０１２年、当時の野田佳彦総理とオバマ大統領との日米首脳会談では、牛肉、自動車、保険（共済）のことが取り上げられて、大きく報道された。

ところがこの2、3年、メディアからも米国の政府関係者からも「共済」のことは聞かなくなっていたが、私自身は気になっていた。

果たして案じていた通りに、今回のＴＰＰ協定では、第11章「金融サービス章」に、共済も適用されることになっている。

第11章の1条には共済と名前は出てこないが、「その他の金融商品」の中に含まれるとして解釈すべきであり、第11章2条3項の「金融」の適用除外として列記している記載の中にも共済は出てこないので、共済がＴＰＰ協定の適用を受けることは間違いない。

「金融サービス章」はＴＰＰテキスト分析チームの和田聖仁弁護士が担当、共済保険は橋本光陽氏（保団連事務局次長）にも指摘をいただいて、その内容をもとにして、この項を書かせていただいている。

ＴＰＰテキスト分析チームの埼玉学園大学相沢幸悦さんの調査では、ＪＡの共済運用資産だけで52・3兆円、ＪＡ共済の長期共済保険契約者だけで２８１・２兆円もある。

さらにＪＡは貯金だけで農林中央金庫に96・８兆円ある。それに労働者組合の労働共済、生活協同組合の生協共済とあって、私にはこれらの協同組合が持つ共済預貯金の運用資金だけで少なくとも６００兆円は下らないのではないかと思われる。

先ず米国はこれらの共済にどのようなことを求めてきたか、改めてこれまでの「日米年次改革要求書」「米国商工会議所」の声明などに目を通した。

要約すると「ＪＡなどの協同組合の共済事業には政府は一切の優遇措置を与えてはならない」となっていた。

現在、税制上これらの協同組合に対しては、他の保険を扱っている企業と比べれば税金が10％ほど安くなっていた。ＴＰＰでの「内国民待遇」の規定からすれば、確かに、その分だけでもまず優遇税制を廃止するように求められることになる。

これら協同組合の監督官庁もＪＡ共済は農水省、労働者共済は厚生労働省が所管官庁になっているが、これまでも監督官庁との癒着の恐れが、米国側から指摘されていた。

これらの協同組合の共済も、ＴＰＰでは早晩、他の民間保険会社と同様に金融監督庁の所管に移されることになるであろう。

なかでもＪＡの准組合員制度が、ＴＰＰ協定での米国側の関心事になっている。

これまでにも、米国商工会議所は、「ＪＡの准組合員制度については協同組合の理念に反しており、許してはならない」と強く主張してきた。

先ず、安倍内閣はＴＰＰ協定に断固反対してきたＪＡの中央組織「全中」に白羽の矢を当てた。

規制改革会議の答申を受けて、「農協改革」を断行すると正面から対峙して准組合員制度を持ち出して、全中に対して「農協法の改正」を迫った。

そもそも日本の農業協同組合は営農部門では採算が取れず経営が成り立たない。金融と保険、共済保険の収益でようやく成り立っているのが現状である。それも正組合員だけでは成り立たず、准組合員を対象にしての金融、保険の業務が半ば以上を占めるようになっている。

農水省の２０１５年３月末の発表では農家である正組合員は４５６万人（前年度比１％減）、准組合員は５５８万人（同４％増）となっている。

農協にとって准組合員制度が農協法の改正で廃止されたら、貯金の払い戻し、保険の解約を余儀なくされて、４２５兆円の農協系統の運用資金の少なくとも半分は、金融市場に流出することになる。

●TPP金融サービスにおけるアメリカの狙い

1 共済

JA共済の運用資産 － 52.3兆円（平成26年）
JA共済の長期共済保有契約高 － 281.2兆円（平成26年）
（日本生命の保険契約高 － 260.7兆円）（平成26年）
アメリカの狙い ＝ 優遇措置の撤廃、参入

2 日本郵政

ゆうちょ銀行の運用資産 － 205兆円（平成26年）
かんぽ生命の運用資産 － 85兆円（平成26年）
（JA貯金 － 91.5兆円）（平成26年）
上場後のアメリカの狙い ＝ 米金融機関の株式保有による支配、資産運用

3 年金基金

GPIFの運用資産 － 139.8兆円（平成27年度）、世界一の機関投資家
投資手法 － 個別株投資、ジャンクボンド投資、デリバティブ、オルタナティブ投資
アメリカの狙い ＝ 運用手数料の獲得（1兆円の2%として手数料収入200億円）
＝ 相場を動かす規模の運用

4 個人金融資産

個人金融資産 － 1708兆円（平成28年3月）
うち現預金 － 883兆円（同）
アメリカの狙い＝ 銀行預金の運用手数料の獲得

5 企業の内部留保

内部留保 － 354兆円（平成27年）
アメリカの狙い ＝ 株式買い占めにより、内部留保の株主還元、株高で売り抜け

6 為替操作
自国通貨安誘導 － IMF協定で禁止
アメリカは日本銀行による通貨安誘導を黙認 － 安倍政権の援護
アメリカ次期大統領 － 円安誘導を許さない
日銀のマイナス金利付き量的・質的金融緩和の変更へ

埼玉学園大学 相沢幸悦教授作成

米国の金融資本ウォール街のメガ銀行グループ、JPモルガン、ゴールドマン・サックスなどは、それを手ぐすね引いて待ち構えているのではないだろうか。

米韓FTAの時、韓国は全国農協中央会が反対運動の主力だったが、農協組織を分断されて勢いがなくなってしまった。

外交交渉は恐ろしい。おそらく安倍内閣は、韓国の例を米国から説明され、TPP反対の日本の中心勢力だったJA、全中潰しにかかったのではないだろうか。

あれだけTPPに断固反対してきた全中の萬歳章会長は突然辞任を表明して、その後改選されて、新会長になった奥野長衛会長はTPPについて「JAとしてはTPPに反対運動はしない。政府と対応策を検討する」と声明を出すことになった。残念なことに、安倍政権によって農協団体はTPP反対の牙をすっかり抜かれてしまったのだ。

郵政に続くジャパン・ハンドラーたちの狙いはJA、農業団体にあった。

今回のTPPの協定では第11章「金融サービス章」2条の「内国民待遇」に共済など民間の保険会社とJAなどの協同組合との優遇措置について次のように記載されている。

『締約国が与える待遇は同国内の同種事業に与える最も有利な待遇よりも不利でない待遇を与えなければならない』とし日本はここで始めて優遇措置に対する事実上の廃止義務を負ったことになる。

２０１５年に成立した自民党と政府の妥協では准組合員はそのまま残すことになって、ＪＡ役員は喜んでいたが、それも単なる糠喜びに過ぎない。

准組合員制度はあくまで留保措置であって、これから、規制改革会議の意見によって、段階を追って廃止されていくことになっている。すべての優遇措置を撤廃しなければ、ＩＳＤ条項によって日本政府は賠償義務を負うことになる。

ＪＡ団体は完全に政府、自民党に騙されているのだ。

米国政府とそれに群がるジャパン・ハンドラーたちは日本の国営事業を民営化させて美味しいところだけを貪り取ってしまったとしか私には思えない。まさに、このストーリーがこれからのＴＰＰでの日本の国営事業の民営化のお手本であることを国民に是非知ってほしい。

◉政府は国有事業の内容をいまだに秘密にしている

今回のＴＰＰの対象になる国有事業は非常に幅が広い。

日銀、日本政策投資銀行などの金融機関から国立大学、国立病院、各省庁の外郭団体、年金機構、高速道路、農畜産業振興機構等数えあげたらきりがない。

地方自治体が運営する事業は、例えば東京都の地下鉄、各県に残っている県営バス、市営バス、県立病院、市民病院なども含まれる。私達の日常生活に欠かせないほど深いかかわりを持っているだけに慎重に取り組まねばならない。

まず、今回のTPP協定は、これまで日本が締結してきたEPA、FTAと違って、ネガティブリスト方式になっており、適用の除外、現在の留保、あるいは将来の留保を列挙しなければ、すぐにでも民営化あるいは自由化を承認しているとみなされる。

そうでなくとも5年後の再交渉の時には、留保が解けて市場開放されて、民営化が始まるかもしれない。

もともと、米国、グローバル企業は、すべてのサービスを狙っている。TPP協定ではTPP成立後、半年以内に、各国は国営事業のリストを出さなければならない。日本政府もTPP協定の発効後半年以内に日本の国有事業のリストを発表することになっている。これは日本にとって大変大事なことである。

しかも単にリスト化するだけでなく、5年後の再交渉を見据えた上で、「個別の留保」「包括的な留保」「同じ留保でも現在の留保」「将来の留保」というように仕分けまでしておかなければならない。

すでに、シンガポールは国家そのものが巨大な企業の様相であるが、第17章の9条3項（a）附属書でソブリン・ウェルス・ファンド（政府が出資する投資ファンド）が支配する国営企業についてはＴＰＰの「国有事業章」の適用はない旨を認めさせている。マレーシア、ベトナムもそれぞれに例外、留保などについて附属文書を交わすことで、国有事業の適用除外を担保している。

ところが日本の対応は見えてこない。

私達分析チームの近藤康男さんが、現在考えられる国有事業について政府に問い合わせても、なかなか言を左右にして答えてくれない。

何度も述べたが、日本にとっては国営の郵便事業が民営化された苦い経験もあることから、ＴＰＰで国有事業として「何が当たるのか」「どのようなものが規制されるのか」を国民に知らせる義務がある。

やむを得ないので、私達はＴＰＰ協定の国有事業の定義から日本においてどのようなものが該当するのか、また、どのような規制がなされるのかを検討した。

さらにこの国有事業の章の中には条文において「商業的考慮の導入」「非差別待遇」「内国民待遇」「非商業的援助の禁止」等種々の制約が課されることになっている。（第11章2条から9条）

以下、具体例をもとにして、国有事業の制約がどのようなものかを考えていきたい。

◉ＴＰＰで（独）農畜産業振興機構は、補助金が出せなくなる

日本の国有事業とはなにか。

農水大臣を経験した私が気になったのは、第2章でも触れた農産物の振興政策を直接に担っている農水省の外郭団体である独立行政法人「農畜産業振興機構」である。

今回のＴＰＰ協定で、どうなるのだろうか。

農畜産業振興機構は先述したとおり、豚肉などが相場を割りこんでコスト割れになったような場合には、市場から豚肉を買い上げて備蓄保管して価格を安定させる。逆に相場が高騰したようなときに保管した豚肉を市場に放出するなど、需給調整や価格安定を目的とする事業も展開している。

私にも経験がある。２００９年9月、農水副大臣の時、豚肉の相場が低迷していたので農畜産業振興機構を通して買いを入れて相場を持ち直させた。

そのような意味では、国の企業だとすればそう言えるような側面を持っていることになる。

ＴＰＰ協定では、第17章に国有事業の定義が書き込まれている。

○国有企業及び指定独占企業の定義（第17・1条）
国有企業の定義（主として商業活動に従事する次のいずれかの企業をいう。
・締約国が50％を超える株式を直接に所有する企業
・締約国が持分を通じて50％を超える議決権の行使を支配する企業
・締約国が取締役会等の構成員の過半数を任命する権限を有する企業）
指定独占企業の定義（本協定発効後に指定される私有の独占企業、及び締約国が指定する、又は指定した政府の独占企業）等を規定。


独立行政法人「農畜産業振興機構」は第17章1条の定義からしても、国が経営の決定権を持つ構成員（理事）が過半数以上を占めているので国有事業に該当する。

定義には「主として商業活動に従事する」とあるが、農畜産業振興機構はすでに外国から砂糖、小麦、乳製品なども輸入している。さらに、国内では豚肉の市場での価格が下がった場合には、市場から買い上げて、豚肉の市場価格が上がった時に市場に放出することもしている。すでに民間の商社、畜産業者と変わらないような事業、商業活動に従事していることになる。そうであれば、農畜産業振興機構は当然要件に該当して国有事業だと言える。

念のために、国際条約の専門家で6年間ＴＰＰを一緒に追いかけてきたサーニャさんにも、国有事業になるかどうか確認した。

パソコンで調べていたサーニャさんは次のように答えた。

「問題なく、国有事業に該当します。日本の農畜産業振興機構はＷＴＯでも、すでに砂糖の調整金制度が違反ではないかと問題になっています。ＴＰＰでは砂糖の調整金制度は廃止されるはずです」

前述したように農畜産業振興機構は砂糖の調整金制度を実施している。それがまずＴＰＰで問題となるという。

ところが、政府は「砂糖の調整金制度は守られたから安心です」と説明して回っている。

私も農水大臣時代に何度もうかがったが、沖縄、鹿児島の南西諸島は農産物としてはサトウキビが主なものだ。調整金制度がなくなれば、これまでのように、サトウキビの生産者に10アール当たり2万円ほどの援助はできなくなる。

ＴＰＰ協定の国有事業第17章の6条、7条では、全ての締約国は自国の国有事業、例えば農畜産業振興機構に対して直接、間接に提供する非商業的な援助によって、他の締約国の利益に悪影響を及ぼしてはならない（17章6条1項）とある。

非商業的な援助とは条文では「贈与又は商業的な貸し付けよりも有利な条件で貸し付ける場合、信用保証」とされている。

本書第2章「日本の農業はTPPでどう変わるか」の中でも紹介した、豚肉のマルキン制度についての日本農業新聞の記事を再び見ていただきたい。そこには1面トップに「豚マルキン制度待った」「TPP議会承認に影響」「米国会議員67名が署名」とある。

現在、政府は豚に限らず、牛肉、牛乳、鶏卵など畜産物についても生産コストを割るような価格になった場合には、価格安定制度を設けて、畜産農家が安定して継続的な畜産業を営むことができるようにかなりの補助金を出している。これを一手に引き受けているのも農畜産業振興機構だ。

一方、米国の養豚業者の立場からすれば、関税が削減撤廃されて、自由価格になれば日本の養豚農家は潰れていくはずで、その分の輸出拡大を見込んでいたのに、日本政府が援助すればすべてが水の泡になる。これは明らかにTPP協定に反することになるので、日本政府はISD条項で訴えられることになる。

TPP協定の17章6条1項（c）には、続けて次のように記載されている。

◯当該非商業的な援助を受けた締約国の国有企業が生産し、及び販売する物品について締約国の市場において当該物品が販売される場合には、その価格を他の締約国から輸入される同種の物品の同一の市場における価格若しくは当該の締約国の領域内の対象投資財産である企業が生産する同種の物品の同一の市場における価格よりも著しく下回らせるもの又は同一の市場において価格の上昇を著しく妨げ、価格を著しく押し下げ、若しくは販売を著しく減少させるもの。

このように、日本政府が国会で新しく豚肉の価格安定法を成立させて補助金を注ぎ込むことは「非商業的な援助」として、国有事業の協定に反して、政府はＩＳＤ条項によって莫大な損害賠償を求められることになる。

そうなれば先述したサトウキビ農家も、肥育農家も、酪農家、野菜農家などもほとんどの農業者は壊滅的な打撃を受けることになるだろう。国有事業に該当した組織はＴＰＰによってなにもできなくなり、国民の生活は徐々に圧迫されていくことになる。

◉ＴＰＰで国立・公立病院はどうなるだろうか

私は五島列島で育って、衆議院の選挙区も壱岐、対馬等の離島だったので離島等過疎地にとっては県立の公立病院、市町村立の市民病院、村立の診療所が、島の人達の医療を守っていることをよく理解している。全てが赤字経営で、国と県からの助成金で賄われていることも。

郵政民営化事業の時でもそうだったが弱肉強食の市場原理に委ねれば、山間僻地、地方は医療そのものが成り立たなくなる。

地方の医療は、ＴＰＰ協定第17章の「非商業的援助」によって補助金が出せなくなったら、やっていけない。

第1章で述べたが、ニュージーランドでは、当初国民はすべて、無料で公立病院の医療が受けられたのに、公的医療が市場開放されて公立病院は閉鎖され、大都市で一部残るだけになってしまった。日本でも過疎地、離島などの公立病院は次々に閉鎖されていく運命にあるのではないか。

日本には独立行政法人国立病院機構があって、傘下には１４３の病院と6万人の職員がいる。先ず、国有事業として、5年後の再交渉で、米国から「民営化」を求められることは間違いない。

ニュージーランドがそうであったように、バラバラに株式会社化されて、条件のいいところは外資系ファンドに買い取られて、条件の悪い国立病院は閉鎖されてしまうことになる。ちょうど、郵政事業が民営化されて美味しいところだけをアフラックの外資系の株式会社にしてやられたように。

このような、国公立病院は国有事業としてのＴＰＰ協定17章の6条7条の適用を受けることにならないとの見解もある。確かに同法の定義によれば、国有事業としての要件「主として商業に従事している」と規定されているが、米国など各国では医療は株式会社が参入してビジネスとして治療を行っている。加盟国の大半の国がそうなので、日本だけが言い逃れる術はない。

◉日本だけが、国有事業について、除外留保を求めていないのは理解できない

サーニャさんと第17章国有事業についていろいろ議論していた時のことだった。

突然、彼女から「日本は国有事業について何故、除外留保を求めなかったのですか」と聞かれて、私もすぐに政府のTPP協定書の仮訳をあたった。

同章の附属書4は、「国有事業章」で、私がこれまで問題にしてきた農畜産業振興機構などの政府の補助金に対する禁止などを定めている第17章6条の「非商業的援助」、第17章4条の「無差別待遇」「商業的考慮」の条項を適用させない事業主体を表にして明記することができるようになっている。

ところが驚いたことに、政府の仮訳ではこの附属書中の末尾に「他の締約国の表は省略。我が国は表を作成していない」と記載している。

日本はこの国有事業については、同章の例外としての政府、地方の公有企業の例外を一切求

めなかったのだ。

何故だろうか。このままでは日本だけが非商業的援助、即ち国有事業に対する補助金などの支出ができなくなり、いずれ全てを市場開放して、民営化されることを容認したことを意味する。

シンガポールも除外は求めていないとされているが、トーマス・カトウさんの指摘では「ソブリン・ファンド」を大型項目から除外したことで勝利を得ているので問題ないという。（第17章9条3項b、附属書17E）

米国でも同書を適用させないための例外表を作成している。

例えば「連邦住宅金融抵当公庫」などの5つの金融機関など庶民の生活に係わるところを、リーマンショックのような金融危機に備えて、いざという場合に独自の大胆な補償措置がとれるよう除外されている。

私は、米国の例からしても、日本でも少なくとも、かつての国民金融公庫、現在の政策金融公庫は適用除外にしなければならなかったのではないかと考える。私も若いころ事業をしていて、大変助けられたのを覚えているが、今でも日本の企業の9割を占めている中小零細企業及び個人事業者は政策金融公庫、住宅金融公庫などを最も利用している。これら公庫は例外として表に明記すべきではなかったろうか。

「ＴＰＰ違憲訴訟の会」副代表の和田聖仁弁護士は、「金融サービス章」を分析して、郵貯、かんぽ、１４０兆円もの年金の運用機関である年金積立金管理運用独立行政法人、それのみならず日本銀行も例外とすべきだったと述べている。

トーマス・カトウさんは、私と同じ考えで、日本は農業が一番打撃を受けることになるので、どうしても農畜産業振興機構などは適用除外として表に記載すべきであったと指摘している。

この国有事業の章は違反した場合には、投資の章のＩＳＤ条項の対象にもなる。私は、この章を検討するにつれて、日本の甘利前担当大臣がこのような重大な外交交渉にもかかわらず、国益の主張をしなかったことに怒りを覚えてくる。

(2)公共調達に外資が入れば、地方はさらに疲弊する

◉日本の国、地方の公共サービスは、外資に市場開放される

ＴＰＰ協定では、国有事業と並んで、公共調達が別途第15章に規定されている。公共調達は、国有事業と違って貿易通商条約としては初めてのものではない。ＧＰＡと言われる公共調達に

ついての国際条約がすでに存在している。

しかし、GPAにはWTO加盟の162か国のうち、17か国しか加入していない。多くの国が参加しなかったのは、それなりに事情があった。

それぞれの国の地方自治体などは、どうしても、水道とか道路や橋などの公共事業、物品を購入するにしても、できるだけ自国の、地元の業者から調達したいと考える。米国ですら「バイアメリカン法」があって、米国人は米国産品を買うことが奨励されている。

ところが、TPP協定の公共調達では、これまでと違って、国、地方の公共事業などは、加盟国の業者にも広く市場を開放して自国の業者に与えているのと同じ条件で、平等に、入札、落札をしなければならない。

そうなれば、どうしても自国の業者は政府、自治体からなおざりにされてしまうことになる。各国の政治家もこれに抵抗した結果が17カ国のみの加入となって表れている。

しかし、米国600社のグローバル企業にとっては、これらの公共調達を市場開放させれば大きなビジネスチャンスが生まれることになる。その規模は12か国で17兆ドル、日本円に換算して、約180兆円に及ぶとされている。

そのために、TPP協定に、国有事業と並んで第15章に規定が設けられることになった。

当然のことながら、発展途上国である、ベトナム、マレーシアにおいては、インフラの整備はこれからであるのでかなり抵抗があった。

ことに、これらの公共事業と調達には、英語と自国語で入札しなければならなくなることについて最後まで交渉は難航した。

最終的には、各国の事情を考慮して、それぞれの事業ごとに留保、例外事項を列挙して、完全に市場を開放するまでには、年数をかけることにして、再協議の交渉に委ねることにした。こうして、ようやく合意は成立した。

日本は、当面は適用される範囲も政府及び政府の団体、例えば先述した独立行政法人農畜産業振興機構や大きな政府団体、都道府県、政令都市などに限られ、調達金額も基準額が決められて、その基準額を、下回る金額の調達については従来通りに落ち着いている。

しかしながら、日本も3年後には対象範囲と基準額について見直すことを約束させられている。（第15章24条第2項）

そもそも2012年10月、内閣府は公共調達についての懸念事項として「公共調達は英語と自国語でしなければならないので、日本でも小さな市町村においては、負担が重くなる」と指摘していた。

それからしても、日本の公共調達は都道府県、政令都市に限らず、市町村もその対象範囲とされ、調達の基準額も大幅に引き下げられることは十分に予想できていたことになる。

◉TPPで地方の土木建設業は軒並み廃業に追い込まれる

このような、懸念のもとに合意された公共調達は、日本ではどうなるだろうか。

現在の日本経済は、デフレが深刻になって、日銀による金融政策はマイナス金利で成果を上げることができなかっただけでなく、円高、株安を生じて、不況に突入している。

安倍総理は、さらなる財政出動による経済成長を訴えている。

財政出動とは、言い換えれば公共工事予算を拡大させることで、それによって地方の雇用を確保して、資材等の需要、消費拡大につながる。

私は、五島、壱岐、対馬が選挙区だったのでよくわかるが、地方では公共事業が経済の柱で、各市町村では公共工事を順繰りに地元の建設会社に発注して、それによって地方の経済が回ってきた。

地方では政府、都道府県の発注する大型の工事はゼネコンが受注して、その下請け、孫請けを中小の建設会社がやっていた。市町村が発注する工事は、地域の中小建設会社に受注させるようにして相互の棲み分けができていた。

現在の自民党の安倍政権下においても、その構造は変わらない。年末になると公共事業の予算獲得のために市町村の長、議員たちが大挙して上京し、各省庁、国会議員のところを回っている。

ところが、今回のＴＰＰ協定では、このような構造が一変することになる。これからは政府、地方自治体の発注する公共工事は、他の締約国、ＴＰＰ加盟国の建設会社にも、平等に入札の機会を与えなければならない。そうなれば、景気を回復させるための財政出動、公共工事の予算を拡大したとしても、外資系の建設会社が、安く落札して工事を請け負うことが考えられる。工事を請け負った外資系建設会社は、資材は安い海外から購入して、労働者も人件費が安い、外国人労働者を使って仕事をすることになり、日本には一円も金が落ちないことになる。ＴＰＰが発効すれば、安倍総理が考えているような、公共工事による経済の波及効果、経済成長は期待できなくなる。

ちなみにベトナム人の賃金は日本人の36分の1と言われているので格安で工事を完了させることができる。

それだけではない。

今回のＴＰＰ協定では第15章に入札から落札に至るまで厳しい規制がなされている。韓国ですら、米韓ＦＴＡでは拒否したと言われている条項を日本はＴＰＰですんなり受け入れている。

例えば第15章8条1項には入札にあたって「過去の実績を入札の資格条件としてはならない」

とある。10条では技術的な理由で他に選択肢がなかった場合にだけ、公開入札の例外は認められるとしている。しかし、技術的な理由についての立証が必要とされ、発注側が地方自治体であれば市町村がそれをしなければならず、もしも、立証できずに「技術的な理由」で地元の業者に発注すれば、ＩＳＤ条項の仲裁判断に基づいて、日本政府が巨額の賠償金を支払わされることになる。

さらに、入札にあたっての「技術仕様」について12条1項に「貿易に障害を与える仕様は禁止する」とあるので日本独自の技術仕様、特殊な技術仕様などは一切できないことになる。

その他「入札説明書」については第15条、「期間」については第14条、「落札」については15条と16条に規定されていて、発注側は落札に当たっては最低価格に従わざるを得ないような定めに読み取れるので、資金を出す発注側の判断は全く許されないことになる。

これまで地方の市町村は地域の中小の建設業者を過去の実績に合わせてＡクラス、Ｂクラス、Ｃクラスと分けて、上手に工事を分配してきたが、ＴＰＰ協定ではできなくなることが明らかになった。

これまで、日本で行われてきた、ゼネコン、中小の建設会社の棲み分けがなくなって、どんな小さな工事にでも、外資の建設会社、日本のゼネコンなどが競争で入ってくることになる。あるいはベトナム、マレーシアの建設業者も参入して外国人労働者によって日本の地方、過疎地の道路や橋が作られていくことになっていくのではないだろうか。

日本の地方の市町村にある中小の建設会社は、そのほとんどが廃業に追い込まれてしまうことになるだろう。

それだけではない。日本が古くから受け継いできた伝統的な大工の技術、左官屋さんの匠としての技が次第に消えていき、安くて早いだけの画一的なプレハブ建築様式になっていくのも心配だ。

ＴＰＰは日本の経済だけでなく、文化も破壊する。

◉公共調達では事実上英語と自国語での手続きが求められる

もうひとつ懸念されることは、英語で公共調達の入札を行わなければならないことだ。

私が超党派の国会議員の議員連盟「ＴＰＰを慎重に考える会」の会長を務めていた時、まだ交渉参加前の２０１２年10月に政府内閣府各省庁に日本にとってＴＰＰで危惧すべき事項を口頭ではなくペーパーで出させたことがあった。その時のペーパーは小冊子になっていて、かなり膨大なものである。

その冊子を今開いて見ると、公共調達の分野ではやはり、「入札は英語と自国語でなさなければならなくなり、小さな自治体には負担が重くなる懸念がある」と書かれてある。

当時、私はそれを読んで内閣府の官僚に次のように質問した。

「日本の政府、地方自治体が発注する公共調達は、当然日本語でやるべきではないか、むしろ入札に参加したいとする米国などの企業が、英語を日本語に翻訳して入札を求めてくるのが筋だ。逆に米国の工事であれば、参加したい日本の企業が英語で入札すればいい」と。

日本には人口800人の小さな村、地方自治体がいくつもある。こんなところで、英語で入札書類を作ることは不可能だと思われる。

ただし、今回のTPP協定公共調達第15章7条には使用言語について「各締約国は調達計画の公示には英語を使うように努める」とだけある。条文上は義務になっていないので自国語、日本語だけで入札手続きをしてもTPP協定違反にはならないと一見思える。

しかしながら、よく読むと7条3項では入札書又は参加申請書に用いる原語（日本語）は締約国の公用語以外の言語で提出することが可能な場合に限る」となっているので、英語は義務ではないとしても各国の公用語は英語なので、事実上は英語で入札手続きをしなければならないことになる。

そして、これらの公開入札の手続きは、すべて電子的手段によるものとなっている。英語に加えて、これまで経験したこともない電子的手続きによる公開入札など、地方の自治体にできるのだろうか。

◉公共調達に談合などがあれば、ＴＰＰでは刑事上の罰を受けることになる

日本は国際的にも談合社会だと言われてきた。

最近、防衛省の訓練用の制服などの発注についても、大手メーカーの間で談合があって、交代で受注していたことが発覚し、問題視されている。それだけではない。市町村のごみ焼却場の建設の話、国立競技場の話までゼネコンの根回しが噂になるほどだ。

今回、ＴＰＰ協定の交渉官たちは、このような日本社会の特殊な事情を察していたのか談合に対して刑事罰まで導入された。

トーマス・カトウさんは日本社会の談合体質を米国などに狙い撃ちされたのではないかと語っている。

第15章18条には「締約国は政府調達で腐敗行為に対処するために、行政、刑事上の措置を確保する」とある。

刑罰についての細かい規則については、ＴＰＰ加盟国で構成されている「政府調達小委員会」

で協議して、これから定めることになっている。

このような政府調達の入札に刑事罰まで導入するのは、これまでの通商貿易協定では初めてのことである。この政府調達の原典となったWTO加盟国のうち17か国で結んでいるGPAにもなく、米国が最近結んでいるコロンビア、ペルー、韓国とのFTAにも見られないものなのだ。

◉公共調達の交渉では、日本が最も譲歩している

今回、公共調達を書くにあたって、トーマス・カトウさんに、TPP締約国それぞれの公共調達の附属文書にあたってもらい、調達主体、調達の種類ごとの基準額を各国ごとに表にしていただいた。

調達主体も中央政府、日本でいう農畜産業振興機構などの政府団体、都道府県市町村などの地方政府の3つに分けて、調達項目も物品、建設、サービスと分けている。

大変貴重な資料であるので、表1、表2として掲載する。

この表をもとにしてトーマス・カトウ氏は次のように指摘している。

●表1　政府調達対象基準額:中央政府、政府団体

	中央政府(セクションA)			政府団体(セクションB)		
	物品	建設	サービス	物品	建設	サービス
米国	130,000	5,000,000	130,000	$250,000	5,000,000	$250,000
日本	100,000	4,500,000	100,000	130,000	15,000,000	130,000
カナダ	130,000	5,000,000	130,000	355,000	5,000,000	355,000
オーストラリア	130,000	5,000,000	130,000	400,000	5,000,000	400,000
メキシコ	$79,507	$10,335,931	$79,507	$397,535	$12,721,740	$397,535
ニュージーランド	130,000	5,000,000	130,000	400,000	5,000,000	400,000
マレーシア	1,500,000	63,000,000	2,000,000	2,000,000	63,000,000	2,000,000
ペルー	95,000	5,000,000	95,000	160,000	5,000,000	160,000
チリ	95,000	5,000,000	95,000	220,000	5,000,000	220,000
ベトナム	2,000,000	65,200,000	2,000,000	3,000,000	65,200,000	3,000,000
シンガポール	130,000	5,000,000	130,000	400,000	5,000,000	400,000
ブルネイ	250,000	5,000,000	250,000	500,000	5,000,000	500,000

単位:$表示を除き、SDRs

●表2　政府調達対象基準額:地方政府

	政府団体(セクションB)		
	物品	建設	サービス
米国	None	None	None
日本	2,000,000	15,000,000	200,000
カナダ	355,000	5,000,000	355,000
オーストラリア	355,000	5,000,000	355,000
メキシコ	None	None	None
ニュージーランド	None	None	None
マレーシア	None	None	None
ペルー	200,000	5,000,000	200,000
チリ	200,000	5,000,000	200,000
ベトナム	None	None	None
シンガポール	None	None	None
ブルネイ	None	None	None

単位:SDRs

「表から言えることは、まず先進国の中で日本の開放度が一番高いことがわかる。何故だろうか。外交交渉の経験者ならわかることだが、公共調達の基準額を下げることによって、その見返りに農産物の関税撤廃を免れて聖域を守ろうとしたのではないか。しかしこの目的は達成されずに崩壊してしまった」

例えば、日本の場合、中央政府の調達する物品の購入サービスについては10万SDR（1SDRは2016年1月現在で約170円）となっているので、日本円に換算して1700万円、それ以上の金額については、英語と自国語で公開入札しなければならなくなる。米国、カナダ、オーストラリアが13万SDR、日本円で2210万円以上が公開入札になっていることに比べれば、はるかに開放度は高い。

地方政府の調達についても、表2を見ると、米国は地方自治体、州政府は一切市場開放しておらず、あまりにも不平等である。

日本は何を交渉していたのだろうか。

私も農水大臣を経験し、米国、中国、韓国などの外交交渉の場に臨んだことがあるのでわかるが、もともと日本外交は容易に譲歩しない、粘り腰で有名だったのだが。

甘利前担当大臣は、フロマンと徹夜で交渉したとか、ネゴシエーターとかメディアからはもてはやされていたが、国会での玉木議員の資料提出要請に黒塗りの資料しか出せないことからすれば、実際にはすべて譲歩して、ただの猿芝居をやっていたのではないか。

日本は公共調達については、3年後の交渉でさらなる「範囲の拡大」を約束させられている。例えばこれまでは政令都市だったが、次からは市町村も対象にするとか購入の基準値をさらに引き下げて市場を開放することが約束させられているのではないか。トーマス・カトウさんの言うように日本だけが譲歩しているのが、なんとも心配になってくる。

◉日本の水道事業は市場開放、民営化されてしまう

2013年4月19日、麻生太郎当時の副総理は米国のワシントンで、超党派のシンクタンクCSIS（米国戦略国際問題研究所）で講演して「日本の水道事業はすべて民営化します」とはっきり述べている。

日本のメディアでは、IWJと週刊東洋経済が取り上げただけで、テレビ、新聞も一切報道しなかった。

考えれば、その頃はまさに、安倍総理がTPP交渉への参加を決めて、日米の間で参加の条件についての事前協議がなされているときであった。

おそらく、日本側はTPP交渉参加のために水道事業の民営化に応じたので麻生氏の発言に

なったものと思われる。

その裏には、日本の竹中平蔵氏、米国のベクテル社の動きもあったのではないだろうか。

私は、TPP交渉の主役は600社のグローバル企業であることは再三述べてきたが、米国のベクテル社は年間売上5兆円の世界最大の建設会社で、日本でも東京の湾岸道路、関西国際空港の旅客ターミナルビル、中部国際空港ビルなど数多く手掛けてきている。ただし、「政商」と揶揄されることが多く、大問題となった神戸空港の開設（阪神大震災で街が壊滅しているにも拘らず、神戸市が空港建設を推し進めたことで市民の怒りを買い、大反対運動が起きている）にも関与したと言われている。

ことにベクテル社のボリビアでの水道事業の悪評は高い。ベクテル社はボリビアの水道事業を買い取ったが、途端に水道料金を倍に増額した。貧しいボリビアでは、サラリーマンの平均給与の4分の1にも該当するもので、ボリビア人は水も買えないとしてバケツで雨水をためて利用していた。

すると、ベクテル社は、雨水についても契約上我が社に権利があるとして、雨水の料金を徴収しようとするに至って、住民も怒りだして激しい街頭デモになった。

ボリビア政府はベクトル社との契約を守るために軍隊を出動させたが、騒ぎは収まるどころか全土に広がって、ついにベクテル社はボリビアから撤退した。

ボリビアの水道事業は、日本などからの援助もあって既に施設はできていたので、それを利用したベクテル社が、ボリビアでかけた費用は、わずか100万ドルだけだったと言われている。

このベクテル社は、日本でも公共調達で水道事業の権益を狙っているものと思われる。

オーストラリアでも米豪FTAで水道事業が問題になった。

オーストラリア政府は、米国との交渉の段階から水道は国民の健康と命にかかわるものだから、公共調達での市場開放、民間への委託に最後まで反対した。

しかし、水道事業についての決着がつかないままに、米豪FTAは調印されてしまったため、米国の企業は早速、オーストラリアの水道事業に参入を求めてきた。オーストラリア政府は拒否したが、ISD条項をちらつかされて、結局は米国企業を受け入れてしまった。

米豪FTAも、TPPと同様にネガティブ方式なので、条約に明文で水道事業は例外であると記載されていない限り、市場開放して、米国の企業も平等に入札させざるを得なかったのだ。

日本でもすでに、水道事業を民営化した自治体がある。

愛媛県の松山市では2012年度から世界最大の水道会社であるフランスのヴェオリア・ウォーター社と契約して浄水場などの運転業務や施設のメンテナンスを委託した。

ところが、翌年から水道料金の値上げが始まった。

これについて、松山市は水道料金が値上げされたことは認めているが、「外資のヴェオリア社に業務の委託をしたこととは関係ない。市が水道事業を売却したわけではなく、管理責任は市に残っている。いずれ水道局の職員が必要なくなれば、将来的には水道料金は下がる」と主張している。

このことでIWJの記者が、厚生労働省に問い合わせると、日本の水道料金は外国に比べて安すぎるからだとの回答があったと述べている。

最近、ヴェオリアは原発の使用済み核燃料、核のゴミも手掛けていて、同社は日本でフランスなどの核のゴミの処理を行うと報道されている。

このことについて、国会でも山本太郎議員が、「TPPでの公共調達では水道事業も含まれていて、日本政府としては大事な人の命と健康に関する水道事業を外資に委ねるのは危険ではないか、ライフラインまで外資のグローバル企業に買収させてはならない。米国にもある『外資に関する規制』エクソン・フロリオ条項が日本でも必要ではないか」ともっともな質問をしている。

大阪市は2012年から当時の橋下市長が宣言して、2016年から本格的な民営化事業に乗り出すことになっていたが、市長が変わってどうなるか定かではない。

◉公立学校も警察も刑務所も米国では民営化。日本でもそうなるのか？

日本でも長い経済の低迷もあり、急速に治安が悪くなってきている。ひところ、各都道府県も警察官を増加して治安の安定を売り物にしていたが、財政の悪化が深刻になり、「規制緩和」「民営化」「公務員改革」の掛け声のもと、警察官も減らして、予算の削減を図るところが出てきた。交通整理、警備などについては、民間の会社に委託するよう進めている。

驚くことに、米国ミシガン州のポンティアック市では警察を隣接するオークランド郡に委託するだけでなく、消防署も廃止してしまった。消防士たちは猛反対したが無駄な抵抗に過ぎなかった。

米国では刑務所でさえ、民間会社に委託して、一大ビジネスになりつつある。貧富の差が大きくなった米国では若者の50％は失業するようになって、これまで以上に犯罪が多くなった。刑務所も収容しきれなくなって、民間会社に請け負ってもらうことになった。最近では刑務所の作業と称して、受刑者を民間の工場で安く働かせることで、大きな利益を上げている企業もあるとの話だ。この辺りは堤未果氏の『(株)貧困大国アメリカ』に詳しく書かれている。

◉日本でも地方の都市はTPPで米国のように破綻する

米国では、20年前のNAFTA（北米自由貿易協定）によって、巨大化したグローバル企業が、メキシコなど税金も人件費も安く、労働組合もないところへどんどん移転して行った。さらに、米国の富は富裕層に偏在して、パナマ文書で明らかになったように、タックス・ヘイブンへと流れて、貧富の格差は拡大し続けている。こうして、米国の都市は雇用が失われ、賃金も下げられて、市の財政もままならずに破綻することになった。

なかでも、デトロイトの破綻は象徴的だった。日本でも大きく報道されたように、かつてGM、フォードなどの自動車産業のメッカとして人口185万人と華やかだったデトロイトは、今や人口が71万人に減少してしまい、工場や映画館、学校などが閉鎖されて廃墟になり、8万軒の住居が放置されて雑草が生い茂っていて、一部はゴーストタウンになっている。

私はこのようなデトロイト現象は一部に限られていると思っていたが、そうではなく、今では米国全土に広がっている。

2010年7月にはオレゴン州でも自治体がついに破産。教職員、警察官など公務員を大量解雇して、刑務所まで閉鎖してしまった。町には囚人があふれだして、住民が逃げ出したと伝えられている。

破綻してゴーストタウン化したデトロイトの街並み（写真＝共同通信）

2011年1月には、共和党のリチャード・リオーダン元ロサンゼルス市長が「このままでは全米の自治体の9割は5年以内に破綻する」と述べている。

日本では北海道の夕張市が破綻したのは有名だ。夕張市は過剰な設備投資などが財政の破綻を招いたと言われたが、それだけが理由ではない。弱肉強食の市場競争が外資も含めて激化して、一極集中で大都市に人口が集まってしまったことも一因だろう。

夕張市は氷山の一角でしかなく、私の知っている市町村でも、内情は債務超過で、いつ財政再生団体に陥るかわからない状況にある。

日本でも米国に要求されて構造改革の名のもとに、大店法を導入、地方にあった古くからの老舗商店は消えて、商店街はシャッター

●消滅可能性都市一覧

	2014.1.1時点市区町村数	消滅可能性都市数		2014.1.1時点市区町村数	消滅可能性都市数
北海道	179	147	滋賀県	19	3
青森県	40	35	京都府	26	13
岩手県	33	27	大阪府	43	14
宮城県	35	23	兵庫県	41	21
秋田県	25	24	奈良県	39	26
山形県	35	28	和歌山県	30	23
福島県	59	-	鳥取県	19	13
茨城県	44	18	島根県	19	16
栃木県	26	7	岡山県	27	14
群馬県	35	20	広島県	23	12
埼玉県	20	21	山口県	19	7
千葉県	54	27	徳島県	24	17
東京都	62	11	香川県	17	9
神奈川県	33	9	愛媛県	20	13
新潟県	30	18	高知県	34	23
富山県	15	5	福岡県	60	22
石川県	19	9	佐賀県	20	8
福井県	17	9	長崎県	21	13
山梨県	27	16	熊本県	45	26
長野県	77	34	大分県	18	11
岐阜県	42	17	宮崎県	26	15
静岡県	35	11	鹿児島県	43	30
愛知県	54	7	沖縄県	41	10
三重県	29	14			

通りになって、イオン、イトーヨーカドーなどの大型店、マクドナルド、ローソンなどの、大企業の系列店に、ほとんどが入れ替わってしまった。地方はますます購買力のない年寄りが多くなって、若者は職を求めて都市部に出ていくことが常態化してきた。

民間の会議体、日本創成会議は２０４０年には全国で８９６の市、区、町村が消滅可能性都市になると２０１４年5月の時点で指摘している。このような時に、ＴＰＰ協定が発効したら、地方に残っている工場も次々にベトナム、マレーシアなどに出て行って、地方都市では貧困世帯が増えて、日本創成会議の予測よりも早く地方の市町村は破綻してしまうことになる。

第7章

ISD条項で国の主権が損なわれる

[redacted]

国民健康保険がアメリカ企業から訴えられる？

TPP
信じられない！
TPPには、国内法より投資家の
言い分が優先される
投資家対国家の紛争解決条項
＝ISD条項 がある
実際にこんな例が
あるのよ

メキシコ	有害物質の埋め立てを禁止した政府をアメリカ廃棄物処理会社が訴える	政府が賠償金1670万ドルを支払う
カナダ	人体に有害な神経性物質を石油製品に混ぜることを禁止したカナダ政府をアメリカ燃料会社が訴える	政府が和解金1000万ドルを支払う
オーストラリア	政府のたばこ包装規制法をフィリップ・モリス社が訴える	数十億ドルの損害賠償（係争中）
韓国	学校給食の地産地消やエコカー減税が中止に	

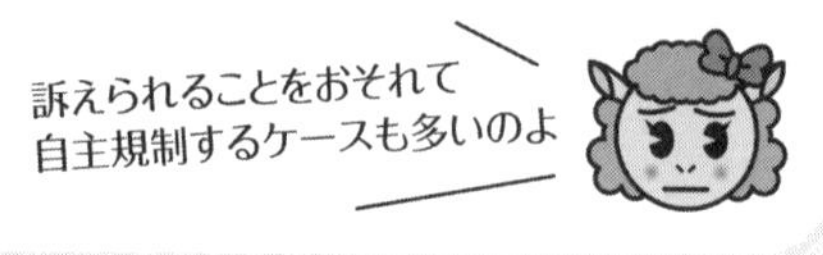
訴えられることをおそれて
自主規制するケースも多いのよ

ISD
条項
国保
損失だ!
訴える!
★自由な市場競争★

ＩＳＤ条項で国の主権が損なわれる

◉ＩＳＤ条項は本来、発展途上国のための投資を促す制度

経済のグローバル化を受けて、日本の企業も今では世界各地に進出している。中国各地、タイやミャンマー、またはバングラディッシュと次々に人件費の安いところへ安いところへと進出する。日本の企業がそうして発展途上国に投資してきたことで発展途上国にも新しい雇用が生まれ、輸出も次第に伸び、経済成長、近代化を遂げていくことになる。

今回のＴＰＰでは、マレーシア、ベトナムはまさに日本からの投資を期待して署名に臨んだ

ものである。

ところがその国に突然、クーデターが起きて、いつ何時それらの最新鋭の工場設備が収用されないとも限らない。あるいは政変が生じて、突然操業ができなくなって海外退出を命じられないとも限らない。または新しく法律、行政の通達が変わって、これまでのような営業の継続ができなくなる事態が生ずるかもわからない。最近では北朝鮮と韓国の国際関係の悪化で、北朝鮮のケソンにあった工場が韓国に引き上げざるを得なかった。ケソンに投資していた韓国の企業はやむなく韓国政府に賠償を求めている。何らかの補償がなければ、なかなか発展途上国に投資する企業は現れないことになる。

こうして投資家、企業が国を相手に損害賠償を求める紛争解決の場が設けられた。それがWTOの中でパネルと呼ばれる紛争解決の審判の場であって、企業の属する国が相手国に対して国対国の紛争解決の場として機能してきた。

しかし、ISD条項はそれとはまったく違うものなのだ。

◉NAFTA以来ISD条項は変質して、投資企業の利益だけを保護

第一章でも書いたように、NAFTAは今から約20年前の1994年にカナダとメキシコ、

米国との間で締結された自由貿易協定で、それまでの自由貿易協定同様にＩＳＤ条項は入っていた。当時のＩＳＤ条項は、投資した企業を政変などの影響から救う条項だと誰もが思っていた。

しかし、ＮＡＦＴＡ以降、このＩＳＤ条項は大きく変質してしまった。

例えばこうだ。メキシコにとって、トウモロコシと並んでサトウキビもまた主要な産業である。米国では、大量生産されたトウモロコシからバイオ燃料を生成していることはよく知られているが、それだけではない。実は、ＧＭ（遺伝子組み換え）トウモロコシに化学的な処理を施して、異性化糖、甘味料を大量に作り出している。このところ日本にもかなりＧＭトウモロコシから作られた異性化糖（補助金漬け）が米国から輸入されるようになっていて、液状なのでコーラやジュースなどの甘味料に多く使われている。その結果、日本でも年々砂糖の消費量が落ちてきている。

メキシコはＮＡＦＴＡによって砂糖の関税をゼロにしたので、米国からのＧＭトウモロコシからできた異性化糖が大量に輸入されて、サトウキビによる蔗糖は市場から消えてしまいかねない状況に陥った。政府は少しでもサトウキビ農家を守ろうと炭酸飲料のうち砂糖以外の甘味料を使ったものには、20％の税金をかけた。

すると、米国の食品会社からＩＳＤ条項によってメキシコ政府は訴えられた。20％の税金によって米国食品会社が期待していた利益が損なわれたためだ。

訴えられたメキシコ政府は争ったが、最終的には1億9800万ドル（日本円で198億円）の支払いを余儀なくさせられた。

これがきっかけでISD条項は変わり始める。投資国にどんな都合があろうと、たとえ投資国の国民の健康、命を守る規定だとしても、投資企業の利益を損なうものはすべて訴えられるというものとなったのだ。

このことは日本にとっても深刻な問題になってくる。沖縄の農業、鹿児島など南西諸島の農業はサトウキビだけに頼っている。TPPに批准することになったら、沖縄など南西諸島の住民はメキシコのサトウキビ農家のように倒産して、島では暮らせなくなる。いくつかの島は尖閣諸島のように無人島になってしまうかもしれない。

また、メキシコは米国の廃棄物処理の会社に、地下水が汚染されるとして埋め立てを禁止したが、それもISD条項で訴えられて、政府は1670万ドルの支払いをさせられている。

ほかにもISD条項では有名な話になっているが、カナダ政府は人体に有害な神経性物質MMTを石油製品に混ぜることを禁止した。米国の石油会社が、カナダでMMTを石油製品に混入していたので、当然のことながらカナダ政府はそれらの石油製品を売ってはならないとの禁止命令を出した。

ところが、米国の石油会社も黙っていなかった。会社の投資に対して理由なく禁止されて多大な損害を被ったとしてＩＳＤ条項を使ってカナダ政府を訴えた。繰り返すが、ＩＳＤ条項は投資家の保護のためだけにあるので、国内法がどうであろうと関係ない。

ＩＳＤ条項の仲裁判断を下す国際投資紛争解決センターでは、健康被害が科学的に証明されていないことから「カナダの非関税障壁だ」と決まりそうになったため、カナダ政府も、やむなく１０００万ドルの和解金を米国の石油会社に支払ったと言われている。

こうして、カナダ、米国、メキシコの企業はそれぞれに、相手国を激しく訴えあうことになってしまったが、米国政府だけは負けたことがないと言われている。

ともかくＮＡＦＴＡ以降、ＩＳＤ条項は各国で警戒されるようになった。

◉ＩＳＤによる仲裁勧告には不服申し立てもできない

このＩＳＤ条項、国際投資紛争仲裁条項の怖いところは、米国ワシントンＤ．Ｃ．にある世界銀行の投資紛争解決国際センターで３人の仲裁人によって決められることである。

米国のパブリック・シチズンのローリー・ワラックさんは、「３人の仲裁人は約６００社の多国籍企業の顧問弁護士１００人ほどの中から順繰りに決められている」と語っていた。すでに世銀には仲裁人が登録されていて、15人の弁護士で55%のISD条項による紛争が処理されているという。そのうちの一人が訴えている当の会社の執行役員だったため、利害関係人で利益相反になるため仲裁人としては不適格であるとして不服申し立てがなされたこともあったが、却下され、仲裁は継続されたという話まである。

しかも、その弁護士費用は時間制で、タイムチャージ費用が超高額になり、発展途上国では訴訟維持さえできなくなって、途中で断念する場合も出てきているといわれている。

私たちが2012年、TPP問題でワシントンを訪ねた時に、このISD条項が気になったのでジョージワシントン大学の国際法の教授と夕食をともにしたことがある。

その時に驚くべきことを聞かされた。

「世銀で仲裁されるISDでは、米国は敗訴になったことはないと聞かされていますが、どうなっているのでしょうか」とお聞きすると、「私の友人の中に、クリントン元大統領と親しい弁護士がいて、世銀からISDの仲裁人を頼まれて引き受けた。メキシコ政府と米国の企業との紛争だったが、どうしてもメキシコ政府の主張が正しいように思われたので、その通りに採決しようとしたら、国務省から『そうなったらNAFTAそのものがおかしくなる』と言われてやむを得ず、米国企業の主張と認めてしまった」という話を語ってくれた。

その国の国内法がどうなっていようがお構いなしで、投資家、企業の利益が損なわれたかどうかの判断をするだけで決定が下されるのである。しかも、それに対する不服申し立てもできない制度にされている。

TPP加盟国にはISD条項に懸念を感じている国は多い。オーストラリア政府は、「吸いすぎるとがんになる恐れがある」として、米国のたばこ会社、フィリップ・モリス社の広告を制限しただけで、同社から数十億ドルに及ぶ損害賠償を求められている。

ブルネイのTPP閣僚会議でマレーシアのNGOが、たばこの問題を取り上げて、国民の命と健康を損なうとしてプレゼンテーションを行っていた。マレーシアのNGOのモリー・チアさんは、たばこについてはISD条項の例外として認められたと笑顔で語っていた。

◉TPP協定書6300頁は多国籍企業600社の弁護士が作成した

今回のTPP協定ではこの第9章「投資章」ISD条項が最も日本国の主権を、日本の統治機構、国会による立法、内閣による行政、最高裁判所による司法の3権分立を損なうものとなる。

このような大変な規定を誰が自由貿易協定TPPで仕掛けたのだろうか。

TPPの主役は誰なのか。

Ｐ１５９で紹介した日本経済新聞２０１３年10月7日のコラム「経営の視点」を思い出してもらいたい。そこには「ＴＰＰ協定文を作成しているのはＵＳＴＲ（米国通商代表部）ではなく、製薬会社などをはじめとする産業界だ」と書いてあった。もっと正確に言えば米国グローバル企業６００社のロビイストたち（弁護士）が作成したのがＴＰＰ協定文だ。

このことは先日来日したノーベル経済学賞を受賞したコロンビア大学のジョセフ・スティグリッツ教授も「ＴＰＰは自由貿易協定ではない、そうであれば4行で足りるはずで、グローバル企業のロビイストたちが書き上げた世界の富を支配しようとする管理貿易協定だ」と述べている。

このＴＰＰ協定文が２０１５年にニュージーランドのウェブサイトに掲載された直後に私は米国の事情に詳しい苫米地英人氏にお会いした。彼は膨大な英語の原文を私に渡して、開口一番、「これはＩＳＤ条項の罠があらゆるところに仕掛けられた、米国のグローバル企業のロビイスト、代理人弁護士たちが作り上げたもので、このままでは、日本は大変なことになる」と語った。

米国は訴訟社会である。

私達「ＴＰＰ違憲訴訟の弁護団」の間でもＴＰＰ協定の原文、政府の仮訳に当たって検討した。それでわかったことは、これら６３００ページに及ぶ協定文はＩＳＤ条項のために備えられたもので、言い換えれば企業が期待した利益が得られなかった場合には、何時でも政府を相手に莫大な損害賠償を求めることができるように仕組まれたものだと言うところで意見の一致をみた。

このようにＴＰＰ協定30章の中でも、この「投資章」ＩＳＤ条項、投資家対国家の紛争処理の章は最も大事なものだと言える。私達分析チームでは「ＴＰＰ違憲訴訟の弁護団」の弁護士である三雲崇正さんが担当した。

彼は日本でも渉外事件の紛争解決で有名な「アンダーソン・毛利・友常法律事務所」に勤めていて、その事務所から派遣されてスコットランドにも留学した国際民事紛争のプロともいえる専門家である。

ＴＰＰ問題にも詳しく、ＴＰＰ交渉閣僚会議には、ハワイ・マウイ島の閣僚会議、アトランタの閣僚会議にも私と一緒に出向いて各国の関係者と会談してきた。

本章は彼の分析をもとにして書かせていただいた。

◉ＴＰＰ協定では投資受け入れ国の義務が定められ、反すれば、ＩＳＤ条項で訴えられる

ＩＳＤ条項については、多くのページを割いて、第9章、「投資」の章にＡ節とＢ節に分け

て詳しく書かれている。

Ａ節には保護される投資とはどのようなものかが書かれているが、実に幅広い。

日本の政府に損害賠償をＩＳＤで訴えることができる投資家としては、日本に子会社などがある企業、日本の会社の株式を取得している者、日本の動産、不動産を持つ者、特許権などの知的財産権を取得している者、日本と事業面で何らかの契約をしている者となっているので、ほとんどの投資家がＩＳＤ条項で訴える資格を持つことになる。

次に投資を受け入れた国についても、細かく規定されている。

先ず「内国民待遇」が9章4条に書かれていている。海外投資家が会社を設立して、通常の営業を行うにあたって、不動産売買なども含めた、すべての行為が日本の企業と同じ待遇でなければならない。

同章5条には「最恵国待遇」の規定も置かれて、日本に投資する企業はほかの日本への投資家よりも不利な待遇を与えてはならないとなっている。

同章6条には投資家への待遇に関する最低基準が定められている。

ここが、これまでのＩＳＤ条項での仲裁判断で最も争点になったところである。

投資家に対して国際慣習法に基づいて公正、衡平でなければならないこと、また外国人投資家に対して国際慣習法に基づいて、十分な保護、補償をしなければならないとなっている。

投資を受け入れた国にとって、国際慣習法上において「公正かつ衡平の義務」が課されているが、これほど曖昧でどうにでも解釈できる規定はない。仲裁判断の実務の扱いでも「この協定のいずれかの条項に違反している場合には、それだけで公正、衡平の義務違反が認められる」とこれまでもされてきた。

実際に世界中のＩＳＤ条項の紛争を研究しているサーニャさんによると、「ほとんどのＩＳＤの仲裁判断による紛争ではこの公正、衡平の原則に反して投資家の期待した利益が得られなかったとして、国の側がグローバル企業に負けている」と語っている。

この「公正・衡平」とは、私達が社会通念として持っている「公正・衡平」とは違って、この通商貿易条約上での貿易を促進するための見地からの「公正・衡平」に過ぎない。例えば、税関手続きが適正に迅速になされているか、「表示」に貿易障壁となるような不必要な記載がなされていないか、と言った見地から判断されることになる。

◉国、自治体が法人税、固定資産税を上げたら外国企業から訴えられることになる

さらに投資受入国は、「一定の例外を除いて、投資国の投資に対して直接、間接に収用してはならないとなっていてそのような場合には補償、損害の賠償に応じなければならないとなっ

ている」(9章7条)

直接収用とは、本章の冒頭で紹介した北朝鮮のケソン工業団地の件のような場合があたる。韓国の投資家は自分たちが設備投資した工場などをすべて北朝鮮に接収されてしまった。

間接収用とは、馴染みにくい言葉であるが、政府、議会、地方自治体などが法令、行政処分などの措置を講じたために規制がかかって、投資家が当初期待していた利益が上げられなくなった場合に該当するとされている。

これも幅広い概念で、地方に海外からの工場を誘致した場合などに、排水、排ガスなどから有毒なものが大量に出されて、住民の健康被害が生じてきたような時には、その地域の市町村が、条例を設けて排ガス、排水の基準値を引き上げるなどの措置が取られることがある。しかし、投資家や企業にとっては、それだけ余分な排ガス、排水の浄水、防塵などの設備が必要となってくる。

このような場合には間接収用に該当するとして、当該政府に対して損害賠償を求めることができるようになる。

安倍政権は法人税を下げて、消費税を上げたが、例えば政権が交代して政府が法人税を上げたとする、又は地方自治体が、財政状況が厳しいので工場などの固定資産税を引き上げることも考えられるが、このような場合も間接収用になって、莫大な損害賠償を政府は求められることになる。

国、地方自治体の徴収する税金まで間接収用になるとは私も思っていなかったが、国際法の権威、サーニャさんから指摘されてみると確かに否定できるような条文はどこにもない。安倍総理も当時の甘利担当大臣もそこまで考えてTPP交渉に臨んだとは思えない。

改めて、法律家として国際上の契約の恐ろしさが身に染みる。

TPPが承認されたら、行政も立法も地方自治体も、これからは絶えず投資を受け入れたグローバル企業の収用にあたらないようにしなければならず、行政が萎縮してしまうどころか、国の主権も地方自治体の自治決定権もないに等しくなる。

◉ISD条項で、政府が支払う賠償金は数千億円から数兆円

ISD条項による間接収用には次のような例が報告されている。

2006年リビア観光省はクウェートの企業アルカラフィ・アンド・サンズに観光施設の建設と運営のプロジェクトへの投資を認可した。同社は認可後すぐに観光開発局と90年間の土地のリース契約をした。

プロジェクトは2007年には建設も始まる予定だったが、さらに3年経った2010年に

なっても一向に工事にもかからないので、リビア政府は債務不履行を理由に契約を解除した。その結果、土地のリース契約も無効になった。

ところが、リビア政府はクウェートのアルカラフィ・アンド・サンズ社からISD条項で訴えられた。

ホテルを建設して90年間運営した場合に期待できる利益11億4490万米ドルを賠償金としてリビア政府に求めた。

2013年仲裁判断の判決が下りて、リビア政府は9億3500万ドルの賠償金を支払わされた。

クウェートの企業はただリビアと契約をしただけで、事実上何らの建設工事などなしで9億3500万ドルの賠償金、日本円に換算すると1000億円ほどの金額を得たことになる。

私達日本人の訴訟に対する感覚と現在の国際的なISDによる損害賠償の訴えとは、考え方にしても訴訟金額にしても桁が異なる。

さらに、2016年1月にISD条項で、米国政府がカナダのトランス社から150億ドル、日本円に換算して1兆8000億円の損害賠償を求められた訴えが投資紛争解決国際センターに持ち込まれた。

これは原油のパイプラインで、カナダ、米国、メキシコ湾まで通す計画を、オバマ大統領が、

2015年11月に、地球気候の温暖化に配慮して中止させたことによる。

それによってパイプラインの計画を立てていたカナダのトランス社は期待した利益が損なわれたとして、建設できれば得られたであろう利益150億ドルの賠償金を求めて、仲裁判断の申し立てを行った。

ワシントンのトーマス・カトウさんからは、「この件ではさすがに米国が負けるのではないかとみられている」旨の連絡を受けている。

この仲裁で米国の世論もISD条項に対する批判、TPP反対運動がさらに強まっている。果たしてカナダのトランス社からの訴えがどうなるか。

◉脱原発の決定によって、ドイツはISD条項で巨額の賠償を求められた

これから日本でも問題になってくるISD条項の問題について象徴的なドイツの原発廃止の決定についての例を紹介したい。

ドイツのメルケル首相は、2011年3月東日本大震災での福島原発事故に驚いた。

それまでの原子力発電は安全神話が広く信じられていたが、実際には人類を滅亡させかねない大変危険なものであることが分かった。

しかも使用済み核燃料棒の処理ができないままにいたずらに積まれている。これが「トイレのないマンション」と揶揄されている所以である。

日本の原発事故を目のあたりにして、原発推進国だったドイツは2011年6月、2022年までに国内にある17基の原子力発電を止めて、太陽光や風力発電など再生可能エネルギーに政策を転換すると発表した。

ところがそれによってスウェーデンの大手電力会社バッテンファル社がこれまでのビジネスとして期待していた利益が損なわれたとして、38億ドル、日本円に換算して約4000億円の損害賠償をISD条項で求めている。

今回、日本もTPP協定に署名したことによって、これからの原子力政策を転換するとしたらISD条項によって米国のウェスチングハウス・エレクトリック・カンパニーなどから期待していた利益を失ったとして、莫大な損害賠償を求められる恐れがある。

事実、まだ私が現職代議士の頃、東日本大震災があって、当時の与党だった民主党は2030年代に原発をゼロにする政策を党として決めた。当時は野田佳彦議員が首相だったが、米国からの圧力でうやむやにされてしまった。残念である。

米国は1979年3月のスリーマイル島原子力発電所事故以来、約34年間1基も原子力発電所は作らず、むしろ減らしているというのに、これだけの犠牲を払っている日本に、なおも原発を稼働させようとしている。今回、TPP協定に署名したことによって、ますます原発を止めることは難しくなってきた。

それだけではない。

先日、フランスに次いでベルギーでイスラム国によるテロ事件が勃発し、世界中を震撼させたが、何よりも世界を震えあがらせたのは、テロが原子力発電所を狙っていることだった。以前IWJの岩上安身氏から防衛省の防衛計画の資料を見せていただいたが、いざ戦争になった時に仮想敵勢力が狙ってくるのが福井県の若狭湾。そこには11基の原発がひしめいている。しかも地震国日本は活断層が縦横に走っている。

安倍政権は、尖閣諸島を米軍に守ってもらい、中国を封じ込めるための安全保障のためにもTPPを急いだと言っている。

日本の防衛を考えるなら、無防備な原子力発電所を解体するなどのほうを急がなければならない。

◉韓国では、米韓FTAを締結して、すぐにISD条項が政治問題に

実は、韓国では米韓FTAを締結する前からISD条項は問題とされていた。米豪FTAの

ときには、オーストラリア政府の要求によって、ＩＳＤ条項を外せたので、韓国もＩＳＤ条項の除外を申し入れたが、米国からは一蹴されたと聞いている。

韓国政府は、国民にはＩＳＤ条項を次のように説明した。

「ＩＳＤ条項は発展途上国に対してのものであるから、韓国の投資を保全するもので有効なものである。今まで一度も韓国が訴えられていなかったように、先進国である韓国は米国からも他国からも訴えられることはない」と。

実際はどうか。韓国は米韓ＦＴＡを締結して1年もたたないうちに、ＩＳＤ条項で米国ファンドのローンスター社から５５００億円の損害賠償を求められている。

ローンスター社の主張は韓国外換銀行の株式を韓国国民銀行に売却しようとしたときに韓国政府の許可が2か月遅れたとの理由だった。当然のことながら、韓国政府は応訴して、現ワシントンＤ．Ｃ．の世界銀行にある投資紛争解決国際センターで仲裁審判が続行中である。

このことは韓国政府に衝撃を与え、韓国国民の怒りを買った。

当時韓国はＣＯ２削減のためにエコカーの補助金を予定していたが、米国の自動車業界から不当な差別で衡平、公正の国際慣行法に反するとの抗議を受け、急遽取り止めた。ＩＳＤ条項で訴えられる恐れがあるためで、早速、行政の萎縮が始まった。

韓国の法務省も調査に乗り出して、次のような報告を提出した。

「韓国ではあらゆる分野において、ＩＳＤ条項によって訴えられる危険性があること、しかも賠償額が巨大であることから、立法から行政まで萎縮してしまう恐れがあること。さらに韓国の憲法では所有権の収用は厳格に規定されているが、間接収用については規定がなく法体系を混乱させるもので憲法違反の疑いがある」

韓国の裁判官166人も、韓国の憲法上認められている司法権の独立を侵害するものであると大法院、日本でいえば最高裁判所に異例の審査要請書を提出した。

それに比べて日本の法務省は情けない。

現在、私達は157名の弁護士で弁護団を結成して、原告2146名（2016年2月29日時点）で東京地裁に「ＴＰＰ協定は、憲法で保障されている立法、司法の主権を侵害するもので違憲である」との訴状を提出して裁判中で、2016年4月11日には第4回目の口頭弁論が開かれた。被告、国側として法務省の訟務検察官が出てきているが、ＩＳＤ条項に何の危惧も感じていないようだ。

私は、日本がＴＰＰ交渉に参加する前に日本弁護士連合会にＩＳＤの事情を説明に行ったが、当時の日弁連会長も「法務省からは心配いらないからと言われているので」と木で鼻をくくったような対応だった。

現在、東京地裁でＴＰＰ違憲訴訟が審議されているが、これまで5回の口頭弁論は決まって原告として孫崎享さん、東大の鈴木宣弘教授、原中勝征前日本医師会長さんに意見陳述していただいてきた。

しかし、日本の法曹界に韓国のような危機意識はまったく感じられない。

◉政府はＩＳＤでは濫訴の防止ができていると、嘘の説明をしている

日本でもＩＳＤ条項が毒素条項だと騒がれ始めて、政府は国民に対して「これまでのＩＳＤ条項では濫訴の恐れがあったので、ＴＰＰ協定では、あらゆる面で濫訴の防止を図っているので安心して欲しい」と説明している。本当だろうか。

ＴＰＰ協定書の政府仮訳文を見た人からは「ＩＳＤ条項は、第9章投資章と第11章金融サービス章以外には適用がないそうなのでよかったですね」と言われることがある。

おそらく、第9章3条に「本章と他の章との規定が抵触する場合には、その限りにおいて他の章の規定が優先する」となっているのでそう解釈しているものと思われる。

これは正しくない。

他の章にＩＳＤ条項の除外例として明記されているのはタバコだけで、他にはどこにも例外とする規定は見当たらない。

今回、日本は米国とは初めてＩＳＤ条項についての協定をＴＰＰで結ぶことになる。

米国は私達には考えられないような訴訟社会で、今後、政府や地方自治体などが、国民、住民のために、正当な利益を守るための権利を行使したとしても、先述したように、投資家たちは投資財産に対して損害を生じたとして訴えることができるので、韓国やカナダのように次々に訴えられる恐れが生じてきた。

ＮＡＦＴＡでは濫訴状態に陥っていて、２０１５年1月末までに米国・カナダ・メキシコ間で71件が提起されて、係属中の案件も29件にのぼる。

中には前述したような廃棄物のＰＣＢなどで人の健康、命に係わる措置ですら、国が賠償金を払わされるような例も生じてきた。

このようなことの反省に立って、日本政府は今回のＴＰＰ協定では濫訴防止に十分な配慮をした規定になっているとして次の規定を挙げて説明している。

政府は、「第9章16条には『公衆衛生、安全、環境などの正当な公共の福祉に該当する目的で設けられた規制措置であれば稀な状況下を除き該当しない』とあるから、人の健康や命に係わるようなことはＩＳＤ条項で訴えることはできなくなっている」と説明するがその解釈も正しくない。

例えば医薬品の中でも、現在日本で問題になっている米国の製薬会社グラクソ・スミスクライン社の子宮頸がんワクチンなどは、副作用があまりにも深刻で被害者が続出しているため、日本政府としてもワクチン接種を見合わせている状況だ。厚労省の健康局長の国会答弁でもその効果については、曖昧な答弁に終わっている。政府の発表でも2012年8月の時点で接種した663万5000人のうち956人に副反応が起きている。私もテレビでしか見ていないが、かなり重度の被害者もいて、あまりにもかわいそうだ。

米国のワクチン有害事象報告制度によれば、子宮頸がんワクチンによる副作用被害者数は全世界で2万8661人にのぼり、死亡者数は130人との報告もある。これは報告の実数であって、未報告者の数はその10倍に及ぶものと思われる。日本政府がワクチンの接種を中止していることは、私達には当然のことと思われる。

しかし、ワクチンを製造している米国の製薬会社グラクソ社にとっては、日本で販売できなくなった分、過剰在庫になるなど実質的な損害が、日ごとに生じていることになる。

もしもTPP協定が発効していれば、第9章7条の日本政府による間接収用や第9章16条の公衆衛生に該当して、グラクソ社はISD条項によって、日本政府に莫大な賠償金を求めることができる。濫訴にあたるかどうかの判断は投資紛争解決国際センターの3人の仲裁人に委ねられることになる。

さらに今回のTPP協定では、第7章SPS、第8章TBTの章をみてもわかるとおり、国の安全基準は、国際基準に合わせることになっている。日本政府は、ＷＨＯから「日本は早く子宮頸がんワクチンを接種すべきだ」と迫られており、そうなれば、結論はおのずと見えている。

日本は外国企業に敗北して莫大な損害賠償を支払うだけでなく、安全性が確認できない子宮頸がんワクチンを子供たちに接種する義務まで生じてしまう可能性が高い。

そもそも仲裁判断に持ち込まれれば、人の健康を損なうことの立証責任は日本政府にあってグラクソ社にはない。そうなれば、誰が考えても、グラクソ社は仲裁判断に持ち込んだ方がいい。

このように先述した第９章16条「公衆衛生、安全、環境などの正当な公共の福祉に該当する目的で設けられた規制措置であれば稀な状況下を除き該当しない」があってもＩＳＤ条項は機能する。

そもそも〝稀な状況下〟の〝稀〟とは非常に曖昧な言葉だ。米韓ＦＴＡでは「稀な場合」を「その目的や効果に照らして、極端に厳しいか不適切な場合」とＴＰＰ協定よりも厳格に規定している。

はっきり言えることは、ＴＰＰ協定の濫訴防止策は米韓ＦＴＡより後退している。「ＴＰＰ違憲訴訟の会」の弁護士仲間とも分析したが、この条文では濫訴の何の歯止めにもなっていないという結論に至った。

◉最高裁の判決と仲裁判断はどちらが優位になるのか

ＷＴＯでは貿易上の争い事、国対国の紛争はパネル（国際的な審判）において解決してきた。ＴＰＰ協定ではＩＳＤ条項による紛争解決は、投資紛争解決国際センターでの仲裁判断に委ねられることになる。国内での争いだから、日本の裁判所に訴えることもできる。

例えば、先ほどの子宮頸がんワクチンの場合、ワクチンの製薬会社は日本の裁判所に政府がワクチン接種を一時停止したことで損害を被っているとして、一時停止の差し止め、損害分の請求を訴えることができる。

仮に、日本の裁判所・最高裁判所がワクチン接種をした女性の被害状況がかなり深刻であると判断し、グラクソ社の請求を退けたとすると、グラクソ社はＩＳＤ条項で世界銀行の投資紛争解決国際センターに、日本政府を相手取って、期待した利益分の損害賠償（少なくとも1兆円）を求めることになる。日本政府が子宮頸がんワクチン接種による被害の立証をしなければならず、これまでの例からすれば、日本政府はグラクソ社への賠償金の支払いを命じられることになるだろう。このように、国の最高裁判所の判決とＩＳＤでの仲裁判断とが相反することはあり得るのである。

このような場合、どちらが優先するのだろうか。

日本の国会で民主党の緒方林太郎衆議院議員が岩城光英法務大臣に、2016年2月8日から9日にかけて衆議院予算委員会で質問した。

緒方氏が「ISD条項に基づく、国際機関の判断と日本の最高裁の判断が異なる場合どちらが優先されるか」と問いただしたところ、岩城法務大臣は「答えられない」と答弁した。その後、官僚の説明を受けながら、「最高裁の判断に基づく執行手続きが最終的に優先される」と述べた。すると緒方氏は「それではISD条項に基づく国際機関の判断は無効なのか」と問うと岩城大臣は「どちらも有効だ、当事者が選択することも可能だ」と答弁した。当然ながら緒方氏は全く答弁になっていないと批判した。

私達「TPP違憲訴訟の会」の弁護団は、この国会質疑の後、私の事務所でスイスのジュネーブにてWTO、TPPを追いかけて研究している、国際法の専門家サーニャさんに質問した。「仮に、日本政府がTPP協定の仲裁判断で外国の製薬会社に1兆円の損害賠償金を支払えといわれたとしても、日本政府は執行の段階では、最高裁判所の判決に従わなければならないので賠償金を払うことはできません。製薬会社も日本では最高裁判所の判決がある限り強制執行はできないことになります。このような場合には、米国の製薬会社に代わって、米国政府が日本政府に賠償金の支払いを求めてきます。

しかし、日本政府も最高裁の判決に逆らって払うわけにはいかないので、結局米国は日本から輸入されてくる自動車などに報復関税をかけて、それによって回収することになります」と説明してくれた。なるほどよくできている。

結論として、ISDの仲裁判断と最高裁判所の判決とが反対の決定を出した場合には、TPPの仲裁判断が事実上優位に立つことになる。

◉カナダの最高裁の判決に従わない米国の製薬会社

実際にカナダではそのようなことが生じている。

カナダ政府は米国の製薬会社イーライリリー社から注意欠陥/多動性障害の薬「ストラテラ」と統合失調症の薬「ジプレキサ」の2種について新薬の特許申請を出されていたが、それを棄却した。同薬品はこれまでにも、他の病名にも効果があるとしてすでに20年の特許期間が過ぎる直前であった。前述したエバーグリーン戦略だ。

たまりかねたカナダ政府は申請を棄却したが、イーライリリー社は今度はカナダの裁判所に訴えた。カナダの最高裁判所は同2種類の薬品について少数の治験者と短期の試験では薬の効

鶴岡主席交渉官を追及する著者

用と安全性が実証されてないとして、イーライリリー社の申し立てを棄却した。

それに対して２０１３年イーライリリー社は北米自由貿易協定（ＮＡＦＴＡ）に基づいて、世銀にある投資紛争解決国際センターに5億カナダドル（日本円に換算して約４５５億円）の損害賠償をカナダ政府に請求してきた。

近くこれに対する仲裁判断が出されることになっているが、自由貿易協定での仲裁判断は、国民感覚と違って、通商上のパートナー同士での貿易の障壁になるかどうかの判断だけなので、おそらくカナダ政府は敗訴することになるのではないかと言われている。

ＩＳＤ条項を使った訴訟のうち現在までに44件、各国の裁判所での判決を不服だとして、企業が政府に損害賠償を求めている。そのうち最高裁の判決に対して不服を訴えているのは18件だと言われている。

2年ほど前の話になるが、私はブルネイでのＴＰＰ閣僚会議の時に、日本の鶴岡主席交渉官に「今度の参議院選挙で与党はＩＳＤ条項に反対の公約をかかげているのに、政府として日本は賛成だと軽々しく言っていいのか」と質問したことがあった。

「大丈夫です。日本は先進国ですから訴えられる事はありません。これは発展途上国に対して有効になるのです。日本にとっては有益です」とこともなげに答える。

「そうは言っても、カナダ、オーストラリア、韓国だって訴えられて、随分と困っているではないか、これらの国は先進国とは言えないのか」つい口調も厳しく追及した。

すると首席交渉官は「日本は他の国と違って強いから大丈夫です」と胸を張って答える姿を見て、さすがの私も呆れてしまった。

カナダも先進国だが、ＩＳＤ条項による紛争が39件、現在継続中の紛争件数が25件となっている。

いずれ日本もカナダのような状況になることの認識が鶴岡主席交渉官にはなかったとは思えない。

分かっていて、わざと私にそのようなことを話したとしたら許せない。

鶴岡主席交渉官はＴＰＰ協定の署名が終わると、その直後、国会の質疑を逃げるように駐英大使に栄転している。

このように、ＩＳＤ条項は憲法を超えるもので国の主権が損なわれる。

日本国憲法第76条では、「すべて司法権は、最高裁判所及び法律の定めるところにより設置する下級裁判所に属する」となっている。

国内に争いがあれば、誰でも裁判所に訴えて法を適用した裁きを受け判決を得て紛争を解決することができる。その結果が不服であれば違憲立法審査権に基づいて、憲法に適合しているかどうかを最高裁判所に決めてもらうこともできる。

これこそ主権在民の立憲民主主義国家であるといえる。

これらの主権が損なわれることは許されない。

◉日本語の正本を求めなかった日本政府はＩＳＤ条項で不利になる

前述したように日本政府の二枚舌には本当に驚かされるが、実はそれ以上に大変なことがこのＴＰＰ協定第2章の中には書き込まれているので、この章の最後に追加しておこう。

国際条約といっても、ようは一種の契約であって、このような場合双方が正本に署名するのが原則で、国と国との間であれば、必ず双方の言語で正本を用意する。

ことに今回のＴＰＰのように、ＩＳＤ条項で企業が国を相手に損害賠償を求めることができるようになっているなら法律上の見地からいっても絶対に必要なことである。

ところが、今回のＴＰＰ協定では日本語の正本がない。協定書の正本があるのはまず英語、そしてカナダが加盟しているのでフランス語、メキシコ等南米諸国が加盟しているからスペイン語になっている。

今回のＴＰＰ加盟国ではＧＤＰでは米国について二番目に大きい日本、2か国でＴＰＰ加盟国のＧＤＰの9割を占めるのに日本語の正本がないことは絶対におかしい。

米韓ＦＴＡでも英語と韓国語が正本になっている。

先日、東京地裁でＴＰＰ違憲訴訟の第3回口頭弁論が行われた。法廷で弁護団から「日本の裁判法では日本語で裁判するようになっているが、正本もなく仮訳のまま通すつもりか」と国側の代理人に聞いたところ、「そうです」と国の代理人はこともなげに答えた。

最近、民主党が政府を招いてＴＰＰの学習会をした際、議員からこの件を問い詰められた内閣府は「日本側から日本語の正本を求めなかった」ことを明らかにした。

このような国益を無視した馬鹿げた外交交渉は考えられない。

正本がないことは、これからＴＰＰ協定の第9章Ｂ節「投資家対国家の紛争解決（ＩＳＤ）の章」で大きな意味合いを持つことになってくる。

例えば第2章の関税の章の中に〝Elimination of Customs Duties〟とある。日本政府の農家への説明では「関税に関する措置」となっていたが、英語をそのまま訳すと「関税撤廃」となる。

例えば、日本政府が米国などの巨大なアグリビジネス企業から、ＴＰＰの協定の条文をもとに関税を撤廃しないことで期待した利益が得られないとして莫大な損害賠償を求められたとする。日本語の正本が「関税の措置」となっていれば、仲裁判断の場でまだ争うことができる。しかし、日本の正本がない状態では「関税撤廃」が正しく、日本政府が敗訴して、結局はアグリビジネス企業等の求めに応じなければならなくなってしまう。

このように考えていけば、政府は日本語の正本にして内容そのものを国民に知られると大変なことになるとわかっていたので、わざと仮訳でごまかそうとしているのではないだろうか。

第8章 TPPは何のメリットもなく、むしろ雇用を失う

正社員でも月収3カ月分で解雇される?

（アメリカ議会公聴会におけるアメリカ通商代表部マランティス次席代表［当時］の発言）

＊ 総理主導のもと、特区担当大臣や民間がミニ独立政府のような権限をもち、雇用や医療、教育などの分野で規制改革を進める区域。東京・大阪圏などが指定された。

雇用
来月から手取り
半額だから
イヤなら解雇ね。
100万払うから

ＴＰＰは何のメリットもなく、むしろ雇用を失う

（１）ＴＰＰでは経済的メリットはない

◉安倍総理は息を吐くように嘘を言って、ＴＰＰで国民を騙してきた

覚えているだろうか。

２０１２年12月の総選挙で自民党安倍総裁は「ＴＰＰ断固反対」「ウソつかない」「ブレない」と書かれた大きなポスターを九州から北海道まで張り巡らして、農民票を集めて大勝した。

ところが、その舌の根も乾かぬ2013年2月21日には訪米して、オバマ大統領に日本も交渉参加させて欲しいとお願いした。国民には、オバマ大統領との会談で重要5品目に関する例外が認められることを確認したと発表した。

これまで詳述したように国民には真っ赤な嘘をついていたのだ。

国会では「重要5品目の聖域を守ること」「国の主権を損なうISD条項は否定すること」などが決議された。

今考えれば虚しい決議だった。

関税撤廃は自民党の幹部の間では公然たる事実であったにも拘らず、政府は重要農産物については聖域が認められていると説明し続け、国民を騙していた。なにより安倍政権の問題だったのは、日本をTPP交渉に参加させる条件として米国側から日米並行協議を約束させられてしまったことだ。

この時に交換された日米並行協議による書簡「保険等の非関税書簡に関する日本国政府とアメリカ合衆国との書簡、日本語の暫定仮訳日本側書簡」には次のように書かれている。

先ず「2013年4月12日、両国政府が日本国の環太平洋パートナーシップ（TPP）交渉への参加に先立つ二国間の協議を成功裡に妥協したことを確認した際、TPP交渉と並行して、保険、透明性／貿易円滑化、投資、知的財産権、規格・基準、政府調達、競争政策、急送便及び衛生植物検疫設置の分野における複数の鍵となる非関税設置に取り組むことを決定しました。」とある。

続けて「TPP協定が両国について効力を生ずる日までにこれらの成果が実施されることを期待します」とあり、なんと「成果を確認する光栄を有します」とまで前文にかかれている。

さらに驚かされたのは並行協議の際に交わされた日米両国の交換文書で日本側書簡にはこう書かれてある。

「日本国政府は、2020年までに外国からの対内直接投資残高を少なくとも倍増させることを目指す日本国政府の成長戦略に沿って、外国からの直接投資を促進し、並びに日本国の規制の枠組みの実効性及び透明性を高めることを目的として、外国投資家その他利害関係者から意見及び提言を求める。意見及び提言は、その実現可能性に関する関係省庁からの回答とともに、検討し、及び可能な場合には行動をとるため、定期的に規制改革会議に付託する。日本国政府は、規制改革会議の提言に従って必要な措置をとる。」

とんでもない話である。

「外国投資家その他利害関係者」とは米国などの遺伝子組み換え食品を日本に輸出するモンサント、ファイザーなどのグローバル企業のことであり、彼らの意見、提言を農水省、厚生労働省などの関係省庁がその実現に向けて〝回答〟し、しかも日本政府は定期的に開かれる規制改革会議の提言に従って必要な措置をとると約束しているのだ。

独立国としてこんな屈辱的な外交交換文書があるだろうか。

私は当時のブログに「これは日本の終戦の時にミズーリ号艦艇でマッカーサー元帥に渡した降伏文書以来の降伏文書ではないか」と激しく非難した。

この報を知って早速、米国のパブリック・シチズンのローリー・ワラックさんから私に連絡があった。

「日本は何故TPP交渉の枠を超えた内容の屈辱的な並行協議を受け入れたのか、米国、カナダ、メキシコなど各国も驚いている。どうしてこのようなことになったのか」

私には、それに何も答えられなかった。

◉すでに戦略特区でTPPの前倒しがなされている

一方、安倍総理は岡素之議長による「規制改革会議」を本格的に始動させて、次々に国家戦略特区（法律・規則の適用されない特別の地域）制度を設けて、日米並行協議をもとにTPP協定の内容を前倒しして実現にかかった。

それまでの政権が行った特区は地方自治体からの要請による地域振興の取り組みと考えられ

ていたが、安倍政権の国家戦略特区は、地方の人々を置き去りにした、官邸主導（要は米国主導）の特区を強引に推し進めている。

韓国もまた米韓ＦＴＡ締結前に、特区を設けて同じように米国との協定の内容を前倒しで行っていた。

先述したが、米国資本の病院を認めて、自由診療も解禁、外資系民間医療保険も導入するなど米国の言いなりになっていった。

安倍政権の医療戦略特区も韓国と同様に、神奈川県で展開している国家戦略特区ではこれまでの医療法の下では考えられなかった米国資本の民間病院を認め、国民健康保険等の保険適用まで予定していると聞こえてくる。

雇用についての国家戦略特区も福岡県ですでに始まっている。

こういった規制改革で最も利益を得るのはグローバル企業だけで、最終的に彼らは安い労働力を外国から確保することを狙っている。実際、今年に入って自民党の「労働力確保に関する特命委員会」では、外国からの単純労働者の大幅な受け入れを検討し始めている。これまでは自民党ですら、断固反対していた分野なのだが。

農業の国家戦略特区では、農地法の特例措置として、企業による農地の取得が始まっている。既に兵庫県の養父市では農地をオリックスの１００％子会社のオリックス農業株式会社が取得している。オリックスといえば、政府の規制改革会議元議長の宮内義彦氏が前社長、社外取締役に竹中平蔵氏、ローソンの社長だった新浪剛史氏が就任している。家族農業が主体のドイツ、フランス、イギリスなどでは、農地の譲渡はあくまで「ヒトからヒト」が原則で、企業への農地の所有権移転は余程のことでないと認められていなかった。もちろん、日本でもそうだったが、TPPが成立したら当然、農地の企業への売買が許可され、その企業には外資まで〝平等〟に土地の取得を認めなければならない。外資系企業たちは取得した日本の土地を使って、遺伝子組み換え作物の生産に着手することが予想されている。

教育の国家戦略特区では、できるだけ財政負担を軽くするために、米国のように公的教育を民間経営に切り替えて、医療などと同様にビジネスチャンスにしようとしている。

今回のTPP協定では第10章「越境サービス章」の附属文書2で初等中等教育が「将来の留保」。高等教育が「現在の留保」となっている。

これがなにを意味するのか。

先ず「将来の留保」と「現在の留保」の違いは、ラチェット条項があるか、ないかで、「現在の留保」にはラチェット条項がかかる。ラチェット条項とは、歯車のラチェット（逆戻り防止のツメ）のように一度緩和した規制は戻してはいけないルールで、「現在の留保」の場合は、今後規制強化ができなくなることを意味する。民営化した公立学校を再び公的教育機関にはできないのだ。

一方、「将来の留保」にはラチェット条項がないため新たな規制強化ができて、日本側の自由裁量も許される。民営化してうまく機能しなかった場合は、公的機関に戻すこともできる。

現在、高等教育である国公立大学は独立行政法人化が進んでいるが、ＴＰＰが発効すれば、これを再び元のような大学の形態に戻すことはできなくなる。授業料は高騰し、金持ちしか大学に入れないことになり、教育の機会均等が崩れてしまう。それだけではない。東京大学などの公立大学はいま盛んに産業界との連携を強化しているが、これがさらに進み、大学の研究は産業界が独占するようになってしまうのではないだろうか。

米国では、オバマ政権になってから４０００の公立学校を閉鎖し、教職員30万人を解雇して、民間教育企業の大手エジソンスクール社に学校教育を委託した。結果、残った公立学校は荒れた学級となって教育の場として機能しなくなり、今では金持ちでないとまともな学校教育が受けられないようになっている。

ちなみに、現在の日本で私立高校を卒業するには年間約３５０万円の学費が必要だが、公立高校の場合では約１５０万円で済む。すでにこれだけの開きがある。

であるのに、大阪維新の会代表だった橋下徹元市長のいた大阪市は、教育の戦略特区を始めるとして準備に入っている。

こうして考えると、ＴＰＰ協定が米国で批准できなくて流れたとしても、日米並行協議によって、事実上日米ＦＴＡが締結されたのと同じような状況に陥ることが危ぶまれる。

◉ＴＰＰでＧＤＰが14兆円増との試算は単なる作文に過ぎない

２０１６年1月22日、ＴＰＰ協定の大筋合意を受けて、安倍総理は通常国会での施政方針演説で、「ＧＤＰを14兆円押し上げ、80万人の雇用を生み出す」と臆面もなく述べた。「安倍晋三総理は息を吐くように、次々に嘘をつく」と慶應大学の金子勝教授が述べていたが、私も耳を疑った。どのような根拠でこのような数字が出てくるのだろうか？

実は3年前の２０１３年3月にも安倍政権はＴＰＰ交渉参加にあたって「ＧＤＰが10年間で3兆２０００億円押し上がる」との影響試算を発表している。当時は、「ＴＰＰ加盟国の自動車の関税などが撤廃されて大幅に輸出が伸びて、その分国内での設備投資、雇用の拡大が期待される」という説明だった。

しかし、3兆２０００億円増の試算に対しても、「ＴＰＰ参加交渉からの即時脱退を求める大学教員の会」は、「根拠がない」として同年5月22日に独自の影響試算を発表した。同会は広い分野の研究者約９００人からなる会で、その内容は示唆に富んでいる。

彼らが発表した影響試算は政府の試算とは正反対で、農林水産物33品目の関税を撤廃した場合、農林水産業と関連産業を合わせて約10兆5400億円もの生産額が減少するとし、雇用では農林水産業で146万人、関連産業を合わせて190万人の職が失われ、国内総生産（GDP）は約4兆8000億円（1％）落ち込むとした。

政府試算では3兆2000億円のGDP増加。

大学教員の会の試算では4兆8000億円のGDP減少。

まったく異なる結果となったが、その理由は試算方法の違いによる。政府試算は、各国間の貿易政策の影響を把握するための「GTAPモデル」という手法を使用しているが、関連産業や雇用への影響など、ネガティブな面を考慮に入れず、地域別の試算もなされていないため国民生活への悪影響が出てこない。一方、大学教員の会では、雇用の減少など当然想定できるネガティブなファクターを試算に組み込んで数字を出した。政府試算による3兆2000億円GDP増は、ネガティブな面をほぼ無視した数字だったのである。

それにしてもなぜ、デタラメといっていいほどの数字を政府試算は出してくるのか？

私は民主党時代に「経済連携PT」を組織して2年にわたってTPPのメリット、デメリットについて議論したことがある。座長は櫻井充参議院議員で、一番前の席には篠原孝議員が座って、元議員の川内博史氏は前から3、4番目と座る席もおのずと決まっていたほど出席率も高く、のちには元法務大臣平岡秀夫氏も加わるなど多くの議員の関心も集まっていた。議論の内容も、米韓FTAで韓国がどのように変化したのかなど政府資料をもとに検討、分析し、議論は深化していった。

その中で特筆すべきことは、10年間で3兆2000億円GDPが増えるとの政府試算を出した内閣参事官川崎研一氏を呼んで試算の根拠を聞くことができたことだろう。

かねてから、GDPの増加がどのような根拠のもとに計算されたのか、私は疑問に思っていたのでさっそく質問した。

「為替は1ドル何円と仮定してGTAPモデルを試算したのか」

「1ドル108円で10年間変わらないものとして計算しました」

私たちは驚いた。当時は円高で1ドル70円台を推移していた頃である。企業は次々に海外に生産拠点を移し始めていた時期で、誰にとっても考えられない試算の仮定だった。

さらに「農業においては当然失業者が出ると考えられるが、これらの失業率はどのような仮定を前提において試算したのか」との私の質問に対して「現在と変わらない失業率が10年間続くものとして計算しました」と答えた。そんなことがあるわけがない。NAFTAや米韓FTAを見ればわかるとおり、自由貿易協定を締結した国々はいずれも失業率が増加している。私にはネガティブ要素を意図的に抜いて、数字を〝作った〟としか思えない。

よって、安倍総理の今年の施政方針演説「14兆円ＧＤＰが増える」という発言も川崎研一氏がやったように1ドル140円が10年間続く、失業率も10年間変わらずとして試算しているのだろう。

面白い話がある。ＴＰＰのＧＤＰについては後述するタフツ大学の試算が有名であるが、共同執筆者のジョモさんが日本に来て、国会議員との意見交換会を行った時のことである。日本政府の試算について内閣府の吉田竹志企画官に鋭く質問した。

「日本は何を根拠にＧＤＰ約14兆円を試算したか」

「完全雇用をもとに静的モデルの最高と最低の数値をもとに計算した」と述べて呆れられていた。

「日本の産業で、どの分野で雇用が80万人も増えるのか」と聞かれて最後まで「産業別の試算はしていない」としか答えられなかった。

この企画官の発言を日本の経済紙誌はどこも記事にせず、批判しようともしない。

◉ＴＰＰで経済は成長するどころか、3・6兆円のマイナスになる

農業経済学の専門である東京大学の鈴木宣弘教授は、安倍総理が述べた14兆円のＧＤＰ押し

上げ効果に対して、輸入農産物の国内価格に与える影響試算からの膨大なデータによって反論する。例えば輸入牛肉の値段が１円さがると、過去のデータでは国内のＡ５ランク牛肉が０・８７円下落してしまう。

２０１６年４月11日、東京地方裁判所でのＴＰＰ違憲訴訟の場では次のように述べている。

「今回の大筋合意での減少額は農業では１兆２６１４億、水産、林業を含めると１兆５５９４億円になるが、さらに食品加工業などの産業関連分析を加えれば全産業の生産減少額はＧＤＰにして３兆６２３７億円を押し下げる効果があるとしている。さらに雇用も農林水産業だけで63万４千人、全産業で76万１千人の雇用が失われる」

もともと安倍政権はＴＰＰ交渉参加の２０１３年時点では、農業の生産額が３兆円は減少すると言っていたのだ。そう言っていたにも拘らず、経済財政諮問会議では10分の１以下の１３００億円から２１００億円の減少と驚くべき試算をしている。コメについては影響ゼロであるとしたため、誰も信用していない。

同年４月、長崎新聞に掲載された共同通信社による全国知事へのアンケート調査でも、ＴＰＰ合意内容や影響、国内対策に関する政府説明について、半数以上（47都道府県中24府県知事）の知事が「不十分」という評価。この説明不足もあり、政府の農業生産減少額試算については「現実的」と回答した知事はゼロだった。

こうして考えれば今回の大筋合意によるTPP協定はGDPを10年間で14兆円押し上げて80万人の雇用が生じるどころか、3兆6000億円もGDPを押し下げ77万人の失業者を生み出すことになって何の経済的メリットもないことになる。

◉日本の自動車業界においても、TPPでは何のメリットもない

あれだけ、TPP協定に期待していた自動車業界も、今回の大筋合意には冷ややかだ。

TPP協定2章の関税譲許表をみればその気持ちもわかる。わずか2・4%の普通車の現行関税が撤廃になるのに25年もかかる上、大型車に至っては30年先となって、その頃はガソリン車の時代は終わっているかもしれない。

ただし、自動車部品については米国が8割以上の関税を撤廃すると報道されており、甘利前担当大臣も、国会で自動車のサプライチェーンを勝ち取ったと胸を張って答弁していた。

そうであれば自動車部品メーカーはホクホクしているだろうと思えば、曙ブレーキの広報は「海外での販売が8割を占めているものの、ほぼ現地生産で対応しているので関税が撤廃されても販売増の効果はほとんどない」と述べている。

経済団体の幹部でさえも今回の大筋合意について、「物の関税撤廃についての期待はさして

していない」と率直に語っている。

TPPを最も推進していたはずの経済界産業界がいまやTPPに何も期待していない。なぜ、経済界が冷ややかなのかといえば、原産地規制の問題が関わっているため。原産地規制とは、工業製品等の原材料の輸入先をTPP加盟国内に限定する規制で、加盟国外から輸入した原料を使った場合は原則、従来どおりの関税がかけられてしまう。

TPPの交渉では2012年ごろから、米国とベトナムとの間で争われており、ベトナムとしては中国（非TPP加盟国）から繊維を輸入して、衣服などに加工して米国に輸出したいが、米国としては安い衣類が輸入されれば米国の繊維産業が大打撃を受けてしまう。そのため、繊維などもベトナムで生産したものか、TPP加盟国域内で生産されたものでなければ、これまでのように高い関税は維持すると言い張っていた。

原産地規制の問題は各国の思惑がぶつかり合い、ハワイ・マウイ島での閣僚会議の最終日で大騒動になったこともある。

当時、自動車部品の調達の割合はTPP加盟国域内生産の割合50%以上であれば原産国として認めるとして、日米間で話ができていた。トヨタをはじめとする日本の自動車業界は中国やタイなどから部品を輸入し、日本国内の生産ラインで組み立て作業をするのが主流で、できる限り域内からの調達は少ないほうがいい。

ところが、メキシコが閣僚会議の最終日「そのような話は聞いていない。メキシコは世界で4番目の自動車の輸出国であり、NAFTAでは自動車部品の原産地規制は域内調達率55％になっている」と怒り出して会議は紛糾。結果、すべての交渉はストップして、TPP閣僚会議は決裂した。

大筋合意となったアトランタの閣僚会議の前にも、日本はメキシコ、カナダと話し合って自動車部品についての交渉がなされ、合意に至ったとは報道されていたが、その内容は明らかにされていない。おそらく日本は譲歩して、メキシコ、カナダの主張通り自動車部品の域内調達率は55％になって、日本の自動車業界になんのメリットもないのではないかと思われる。

それというのも、アトランタの閣僚会議の二日目、ウェスティンホテルのロビーでいつも閣僚会議にきているカナダの農業団体の代表の一人から、いきなりこんなことを言われたからだ。「日本は自動車まで譲ってしまって得るものは何もないではないか」

◉米国タフツ大学の試算では、TPPで日本のGDPは減少する

米国のマサチューセッツ州にあるタフツ大学の研究室は、TPPが締結された場合の2015年から2025年の10年間で各国のGDPがどのように変化し、雇用がどのようになってい

くか、を試算して2016年1月に発表した。

それによれば日本の場合、GDPは0・12%（約56億4000万円）減少し、7万4000人の失業者が発生することになっている。

米国の場合はもっとひどい。GDPは0・54%減少し、44万8000人が失業することになっている。

カナダではGDPは0・28%微増するものの、失業者が5万8000人増えることになっていて経済的メリットは考えられない。

ベトナム、マレーシアもさほどのGDPの伸びはない。その一方で雇用は深刻で77万1000人が失業するとなっている。

TPPによって経済成長を遂げる加盟国はゼロで、逆に失業者が急増することになる。

タフツ大学の試算をもとに国会で質疑したところ渋谷審議官はこともなげに「タフツ大学のGTAPモデルは古いから」と切り捨てている。

しかし私には先述したジョモさんの話からしてもタフツ大学の検証結果が正しいと思わざるを得ない。

確かに、TPP協定で関税が撤廃され、貿易量が増加して、生産が増えて雇用も増えると単純に計算すれば、日本政府のいうようになるかもしれないが、それこそが今では時代遅れとされている。企業間の市場競争が熾烈になればなるほど最初に人件費がカットされ、雇用は減らされ失業者は増える一方となる。

タフツ大学では、TPPのポジティブな面だけでなく、このようなネガティブな面も含めて試算しなければならないとして「労働モデル」も駆使して試算したと言われている。

さらにタフツ大学ではTPP加盟国域内での貿易量は増えて行くが、必然的に域外との貿易量は減少し、そのマイナス面についてもTPP加盟国の試算は考慮していないと指摘している。

(2)TPPで雇用が失われ、賃金も下がる

◉TPPは雇用を減らし、労働者の給料を下げる

第1章で述べたが、現在、米国民の7割がTPPに反対しているのは北米自由貿易協定(NAFTA)によってメキシコから倒産した農民2000万～3000万人が移入し、米国民500万人が失業しているためだ。不法移民の流入は、今なお続いているので、トランプ大統領候補は「メキシコとの間に壁を作る」と演説し、米国民に喝采をもって受け入れられた。日本

では正しく報道されていないが、トランプ氏は人種差別ではなく、不況の原因となっている自由貿易協定を非難し、それによって巨利を得ている1％の富裕層を指弾しているのである。

米国では貧富の差は拡大する一方で、将来を担う若者は大学を卒業するまでに600万円から700万円の奨学資金の負債を負い、失業率も若い世代は50％近いとも言われている。

自由貿易で恩恵を受けるのはグローバル企業だけで、彼ら1％の富裕層のために99％が犠牲になるのは許されないとして、ニューヨーク・ウォール街では若者を中心に公園に野営しながらオキュパイ（占拠）運動が繰り広げられた。

私もTPPで訪米する度に、時間を見つけてはワシントンの公園に出向いたが、公園という公園にテント村ができていて、ワシントンまでオキュパイ運動の若者たちで溢れている。

彼らと話をすると、ミシガン州やミズーリ州などの地方から1～2週間泊りがけで来てオキュパイ運動に参加していて、その動機は失業、雇用、低賃金など格差社会についての不満だった。

米国の多くの若者、富裕層でない国民にとっての敵は国際的な金融資本、グローバルな多国籍企業すなわちウォール街なのだ。

彼らにとって自由貿易、TPP協定はまさしくウォール街を利するもので、ますます格差を拡大するものとして反対している。

これらの動きこそが現在の米国の大統領選挙、サンダース現象、トランプ現象だと言える。

◉米国の労働組合はすべてTPPに反対

2015年5月、民主党の藤田幸久参議院議員から連絡があって、全米労働総同盟（AFL－CIO）のリチャード・トラムカ会長にお会いした。

これまで何度も同同盟のリー副会長にお会いしてTPPに関する意見交換をしていたが、トラムカ会長はその時が初めてだった。

会長は30歳代で、炭鉱労組の委員長を務めていただけあって、情熱的で魅力あふれる人だった。その風貌はかつてポーランドのワレサ元大統領を彷彿とさせ、彼の人柄に私もすぐに惹かれてしまった。

彼は、日本労働組合総連合会との定期協議のために来日し、当時の連合会長だった古賀伸明氏と部屋に入ってきた。

トラムカ会長は開口一番、

「米国のすべての労働組合はTPPに断固反対である。環境団体は一つだけ賛成しているがほかはすべて反対している。民主党（米国）も我々が支持してきたが、TPPに賛成するような議員は、組合として支援もカンパもしない。むしろ今度の選挙で落とす！」とはっきり言い切った。その言葉は私には痛快だったが、連合の古賀氏は当時、TPP賛成の立場だったために終始渋い顔。そんな対象的な二人の姿も面白かった。

トラムカ会長はTPP反対の理由として、最初に「外国人労働者流入により国民の雇用が失われること」を挙げた。次に「多国籍企業が生産性向上と利益最大化を図り労働者の賃金を引き下げていくこと」を挙げ、必ずしも輸出の伸びが雇用、実質賃金の上昇には繋がらないとハッキリと指摘した。続いて「貧富の格差を拡大させること」「環境破壊につながること」を語った。

私はすべてに納得がいった。米国の労働環境はタフツ大学の試算では40万人、東京大学鈴木研究室の試算でも70万人の失業者が増えるとされているので、米国労働業界にとっては大変なことになる。

◉TPP協定の労働の章は、ILO基準よりも後退している

TPP協定の交渉参加の議論が民主党内で始まった頃、日本労働組合総連合会（連合）は賛成の立場だった。

党の経済連携調査会に当時の日本労働組合総連合会事務局長に来ていただいて「なぜ賛成なのか」と尋ねたところ、「TPPで国際労働機関（ILO）の8つの基本労働条約が遵守されることになるので、日本の労働者の待遇が良くなるのだ」と述べた。

それを聞いて私は憤慨した。

私はこれまで米国連邦議会でのTPPについての公聴会の審議を聞いていた。その中で、米国の通商代表部（USTR）のマランティス次席代表（当時）は「TPP協定での労働分野の基準は、加盟国すべてにおいて米国の基準に合わせる」とはっきり述べている。

米国ではILOの8つの基本労働条約のうち「児童労働の実効的な廃止（ILO条約138号、182号）」と「強制労働の禁止（ILO条約29号、105号）」の2分野しか認めておらず、「結社の自由及び団体交渉権（ILO条約87号、98号）」や「雇用及び職業における差別の排除（ILO条約100号、111号）」などは外されている。

ILOの遵守でいえばペルーやチリでは全項目、オーストラリアとメキシコは7項目、カナダ、ニュージーランド、シンガポール、日本、ベトナムが5項目となっている。加盟国中、最低の2項目しか認めていないのはブルネイと米国だけだ。

TPPは最低ラインの米国に合わせるとマランティス次席代表は発言していたが、TPP協定正式文書の内容はどうなっているだろうか。

「ＴＰＰテキスト分析チーム」では布施恵輔氏（全労連国際局長）に原文を分析していただいたが、布施さんは労働者にとって最も大事な「最低賃金」「労働時間」「職業上の安全、健康」などについては「受け入れ可能な場合」となっているので、「ＴＰＰ協定が成立しても企業は何もしないでいいことになっている」と述べている。

日本の連合が期待したＩＬＯ８条約の遵守どころか、国際的な労働基準よりもはるかに後退してしまったといえるのではないだろうか。実際、日本の連合内部においてもＴＰＰ協定の内容が明らかにされて失望感が広がっているようだ。

もともと、労働基準に対する国際的な枠組みはＩＬＯとＷＴＯのどちらを優先すべきか争いがあった。

１９９８年には世界的な労働基準の構築はＩＬＯが担当することになった。しかし、ＷＴＯにしてみれば自由貿易促進の立場から、最低賃金、労働時間などについて厳格な規制をしたくない。できるだけ企業の利益のために緩やかにしておきたい気持ちがある。

そんな中で、自由貿易促進の立場の国際協定ＴＰＰがＩＬＯを無視して、このような結果になることは初めからわかっていたことだった。

ＴＰＰ協定第19章「労働章」も、結局、米国などのグローバル企業が加盟国内で多大な利潤をあげるためのものだったことになる。

◉TPPでは最低賃金も上げられなくなる

スイスのジュネーブにいるサーニャ氏に労働の章について尋ねた。

彼女は「労働の章から見てもTPPは分かりませんよ。投資の章から見てください」と言った。そしてエジプトのISD条項による仲裁判断の例を話された。

エジプトではかつて、「アラブの春」の頃、国民の間で激しい民主化運動が起きて連日のように首都カイロは反政府デモに包囲されていた。当時のホスニー・ムバーラク政権は、労働者の不満を解消するために「最低賃金」を引き上げた。

ところが、エジプトの産業廃棄物処理関連に投資していたフランス企業ヴェオリア社は、最低賃金が引き上げられたことによって期待した利益を得られなかったとしてエジプト政府を訴えたのだ。現在ISD条項による仲裁判断が係属中であるが、サーニャ氏はTPP協定の投資章第9章7条1項によって、「賃金引き上げはエジプト政府による『間接収用』に該当するのではないか、エジプト政府は莫大な損害賠償金を、ヴェオリア社に支払わなければならなくなるだろう」と語った。

現在日本でも、保育士や介護従事者の給料が安いと騒がれている。TPPが発効したならば、政府が給料を引き上げるための何らかの措置を施したり、政権交代で最低賃金を上げようとすれば、日本に投資している企業から直ちに、日本政府に対して莫大な損害賠償がＩＳＤ条項で訴えられることになる。

賃金だけでなく、労働時間についても同様のことが言える。

安倍政権では規制改革会議の答申のもとに、すでにホワイトカラーに対する残業代金も支払わないでいいようにしているが、これが労働者の立場からすれば不当であるとして、より良い条件に変えようとしてもできなくなってしまう。一旦切り下げられた労働条件は働く人のために改善したくても、外国企業に訴えられてしまうため、できなくなってしまうのがＴＰＰ協定なのだ。

◉雇用の国家戦略特区で金銭による解雇が認められることになる

これまでの日本は労働者を解雇するにあたって、労働三法や戦後長い間の判例の積み重ねで、厳しく制限してきた。解雇は「客観的な合理的理由」や「社会的相当性」がある場合でなければならないとされていて、思想信条とか組合員であるなど不当な差別は解雇権の乱用とされて認められていない。

企業の人員整理による解雇はさらに厳しい条件が判例によって課されている。

①人員整理の必要があること
②解雇を回避するための努力が尽くされていること
③被解雇者の選定が客観的合理的な基準によってなされたこと
④労働組合又は労働者に対して事前に説明して、納得を得るよう誠実に協議を行ったこと

これらを満たさなければ解雇権の乱用に当たって、解雇は認められないとされてきた。

ところが、今回の有識者による規制改革会議では、雇用の戦略特区において労働時間の縛りをなくすことや一定の金銭による賠償金を支払うことによって正社員を解雇できるよう検討が進められている。

2016年6月6日、厚生労働省の有識者会議では労働争議が起きた場合も検討、「不当解雇とされた場合の金銭解決は10年勤続なら月収の8倍、不当解雇でなければ月収の2・3倍になる」と報告している。そのうち、3か月分の給料を支払えば、正社員でも簡単に解雇できるようになるかもしれない。

すでにこの雇用の戦略特区は福岡市が「創業のための雇用改革拠点」として指定され、動き出している。雇用労働センターを設置してグローバル企業からの要請に応じて雇用管理に関する相談が始められているが、これまでの法律による解雇の規制を大胆に緩和する方針である。

そうなれば、憲法で保障している労働基本権、及び労働三法、判例で戦後積み重ねられてきた

解雇権の乱用防止もすべて無視されて、形骸的なものになってしまうことになる。

安倍総理の「一億総活躍」の真の狙いが見えてきた。一億総活躍プランでは仕事が同じなら賃金も同一にする「同一労働同一賃金」の実現を目指すとしたが、同時に「正規」という言葉を一掃するとも言い切った。すなわち、「正規社員」をなくして、非正規社員にすべてをかえてしまうつもりなのだ。

早速、規制改革会議では「限定正社員」の制度を打ち出している。

これは決して許されるべきことではない。日本の労働界、連合をはじめとする労働組合にとっては戦後最大の危機を迎えていることになる。

ところが、米国、カナダなどの労働組合のTPPに対する危機意識と違って、日本はいまだにTPPは農業と経済の問題としかとらえていないような雰囲気があるが、一刻も早く是正しなくてはならない。

◉TPPで日本も外国人労働者を受け入れ、給料も減らされる

私がかつて、農水大臣をしていた頃、ベトナムの政府高官と会談したことがある。その時に「ベトナムから日本に輸出したいものがある」と話し始めたので「何でしょうか」と聞いたら「農

民です」と答えたので驚いたことがある。

米国ではTPPでアジアから安い労働力が流入し、米国民が失業することを恐れていること は先述したが、日本でもTPP協定によってそのような事態が現実のものになろうとしている。

日本では若い人の失業率が依然として高い。総務省による調査では、1990年代平均2・2%だった失業率は2000年代では5%、つまり倍以上になっていて、さらに若者の失業率は地方であるほど高くなって10%を超えるとも言われている。

しかしこれらの統計でいう失業者とは「働く意思があって、ハローワークなどに通っている人」のことを指していて、就職を諦め、家事手伝い、1週間に1回でもパートなどの仕事をすれば失業者には当てはまらないので、実際には20〜30%の若者が失業しているのではないだろうかといった報告もある。

ハローワークに行くと中高年の求職者が並んでいる。

日本の労働力は、生産においてのロボット化が進んでいるので過剰であると思われる。働き方もすっかり変わってしまった。今では非正規雇用が主流になってきた。

2016年2月の統計では、30年前までは20%だった非正規雇用者が、すでに全労働者の37・5%、2000万人を超えている。正規雇用の賃金は男性平均34万8000円だが非正規雇用は22万9000円、女性では正規が25万3000円、非正規雇用が18万1000円とその格差も広がっている。

実際、アベノミクスになってからのこの4年間、実質賃金は減り続けている。

今では私の周りの若い人はほとんどが派遣会社に勤めながらパートの仕事をしている。年々税金、社会保険料は上がり続けているので非正規雇用では暮らしていけるわけがない。朝は清掃の仕事、昼はレストラン、夜は皿洗いと細切れにパートの仕事を見つけながら何とか暮らしている人も、周りに多くなった。

2008年、私は政権交代前の民主党のネクスト厚労大臣を務めていて、当時の日雇い派遣の実態を調べたことがあった。コーヒー一杯100円のマックカフェで一緒に一晩を明かしたこともあったが、大きなズックに作業着も靴も入れ込んで、スマホで明日の仕事を必死に探していた。

「保険がないので、風邪をひいたり、病気になるのが一番怖いです」と屈託なく話していたのを思い出す。私は当時非正規雇用をなくして、もう一度終身雇用の日本の姿に戻せないかと党の厚労部会で真剣に議論した。政権交代して、日雇い派遣と製造業の派遣労働の原則禁止は実現できたが、自民党政権になって逆戻りしてしまった。

自民党安倍政権になってからは、グローバル企業の弱肉強食の市場原理主義となり、経費を抑えるために、弱い立場にある労働者の働く条件は、さらに厳しくなった。

私が心配するのは、今回のＴＰＰでは外国人労働者の商用ビザが緩和され、移民の受け入れもいずれ始まるだろうと容易に想像できることで、ベトナム、マレーシア、ペルー、チリなどから安い労働力がどっと入ってきたら、日本人も失業して、米国のように給料の水準が42年前まで下がることも現実味を帯びてくる。

今回のＴＰＰ協定では一応入国できる外国人労働者は専門職に限られると歯止めはかけられているが、移民については、米国だけが例外として受け入れないことがＴＰＰ協定で定められているだけで、日本はいずれ受け入れざるを得なくなるのではないか。ＴＰＰはヒトとカネ、モノの移動が原則自由になる。既にＴＰＰの小委員会ではさらなるビザの緩和についての協議がなされることになっている。

しかも、今年になって自民党は「労働力の確保に関する特命委員会」を設けて単純労働者の大幅受け入れについての検討に入った。日本にとって、単純労働者の受け入れは初めてのことである。

こうして、日本人労働者は失業して、外国人労働者が安い給料で働く分、日本人の給料も引き下げられていくことになる。

◉ＴＰＰを阻止するために、私達はすぐにでも動きださねばならない

こうして、書き連ねてくると、私は改めてＴＰＰ協定を批准させたら、とてつもなく日本の危機であること、これまでの日本が破壊されていくことをひしと感じる。

まさに、日本の主権、独立が損なわれる大変なことが、自民党安倍政権の下で、国民に何も知らされないままに進められようとしている。

ノーベル経済学賞を受賞したコロンビア大学のスティグリッツ教授も、来日して安倍総理に

消費税の問題を聞かれたが「今の日本は消費税を上げるか上げないかの時ではないだろう。TPPで日本そのものが危うくなっているのに、ISD条項で日本国の主権が損なわれるのに」と警告を発している。残念ながら、マスコミは報道しなかったが。

トーマス・カトウさんからは、私のところに、「日本の幕末、明治維新以来の危機的状況ではないか、何故日本人は騒がないのか」とメールが届いた。

そんな中、自民党の憲法調査会で丸山和也議員が「日本は米国の51番目の州になればいい」と発言して、それについてのさしたる異論もなかったという、今や政権与党のこの国の形に対する麻痺した感覚が支配勢力になろうとしている。怖いことだ。

考えれば、憲法9条改正、安保法案、辺野古移設、脱原発の問題もTPPとは根っこのところでは一緒なのだ。

全て共通していえることは、現在の安倍政権、自民党、公明党は、米国のために、米国の言いなりになっているだけではないか。

中国の脅威を駆り立てて、日本の安全保障のために、日本の農業、医療、公共事業等、あらゆる分野で米国の言いなりになってしまった。いわば日本を売ってしまった。

私達はどうしたらいいのか。

どうすればこのＴＰＰを阻止することができるか。

今、私達にできることは、何があるのか。

政府は、「自由貿易は日本経済にとっていいものだ、牛肉と豚肉、バターなども安くなって暮らし向きが豊かになる。食の安全も国民皆保険制度も守る」という嘘を垂れ流している。新聞、テレビのメディアも真実の報道をしない。

黒塗りの資料からも明白なように国民には大切なところを隠している。しかも成立後4年間の秘密保持義務があるので、国民の知る権利はなくなっている。

しかし事実を知っている私達はそれを語って、第三者や知人に伝えることはできる。まず、私達は周りにいる人、家族、友人に、さらに周囲にいる人など一人でも多く、ＴＰＰ協定の本当の内容を真剣に伝えなければならない。

無駄な抵抗のようにも思えるが、大河の一滴という言葉もある。

本書にあるような内容を知ることになれば、そのまま、放置することはできなくて次の人に伝えていくことだろう。

口コミが大きなうねりになって、いつしかＴＰＰは憲法9条改正や安保法案のように、国会前にママさん達、高校生、大学生が集まってくるようなことになっていくことを期待している。

そうすれば、必ず政治の流れを変えることができる。

◉TPP差し止め違憲訴訟でTPPを止める

私は皆さんに提言をしたい。

日本は法治国家、立憲民主主義の国である。私達一人一人が主権者である。

TPP協定6300ページの本文、附属書を検討すれば、日本国の憲法に違反していることは明白である。

TPPを司法の場で違憲として差し止めすることはできるのではないか。

ISD条項では、外国の投資家を特別扱いにして最高裁判所の判決よりも、ワシントンD.C.の世界銀行にある仲裁判断の決定が効力を生じることになっている。これは日本国憲法76条第1項「すべて司法権は、最高裁判所及び法律の定めるところにより設置する下級裁判所に属する」となっている立憲主義に反するものである。

TPP協定が発効したら、TPPと異なる国内法をすべて書き換えなければならない。

日本国の法体系では、憲法、条約、国内法の順となっているので、条約であるTPP協定、

6300ページに及ぶ本文、附属書に反する国内法は、米韓FTAで韓国がそうであったように、TPPの内容に沿うように国内法を変えていかなければならない。

分かりやすく言えば、事実上国会の上にTPP協定、さらにTPP委員会があることになってしまう。

これは日本国憲法41条「国会は、国権の最高機関であって、国の唯一の立法機関である」ことに反することになる。

さらに行政権についても、政府も地方自治体も今後、TPP協定に反するような行政上の決定、処分行為をすれば、外資系のグローバル企業から「間接収用」としてISD条項で訴えられるので行政が著しく萎縮してしまう。韓国でもエコカー減税を直前で取りやめたいきさつがある。

私たちに憲法上保障されている基本的人権もTPP協定によって損なわれていくことになる。

憲法25条は「すべて国民は、健康で文化的な最低限度の生活を営む権利を有する」とあるが、TPPでは貧富の格差がさらに拡大して、金持ちでないと医療も受けられず、安全な食料も手に入らなくなってくる。

高浜原発の差し止め訴訟の判決、イラク派兵訴訟の違憲判決にも見られるように、司法の場でTPPを止めることはできないか。

実は、2015年5月15日、私達は東京地裁にTPPは違憲であるので、締結してはならない旨の裁判を提起した。1次訴訟、2次訴訟に分かれて、原告2178名（代表は前日本医師会長原中勝征）、弁護団157名（共同代表、山田正彦、岩月浩二）で、すでに2016年4月11日には第4回目の口頭弁論も開かれた。

これまでにも、原告として山本太郎参議院議員、孫崎享外交評論家、鈴木宣弘東大教授に意見陳述をいただいている。

第5回口頭弁論は7月20日に終わったばかりだ。

現在、第3次違憲訴訟も予定して原告としての委任状を頂いているだけで500名を越えている。TPP交渉差止・違憲訴訟の会会員は5365名にものぼる。年会費2000円を頂戴し、年4回、ＴＰＰ新聞を発行し随時情報共有をしている。

是非、皆さんにもＴＰＰ交渉差止・違憲訴訟の会に入会し、主権者国民の一人として近く予定されている原告になっていただければ有難い。

私達、国民は主権者として、この理不尽なＴＰＰを司法の判断で止めることができる。

ＴＰＰ交渉差止・違憲訴訟の会に関するお問い合わせ先
〒102－0093　東京都千代田区平河町2－14－13
中津川マンション201
ＴＰＰ交渉差止・違憲訴訟の会
ＴＥＬ　03－5211－6880
ＦＡＸ　03－5211－6886

終わりに

いろいろな人に助けていただいた。

「TPP分析チーム」の皆さんに分からないところをお聞きしては、さらに調べていただいて丁寧に教えてもらった。

トーマス・カトウさんには、私の書き上げた原稿をすべてメールで送ると、有難いことに忙しい中にも関わらず、1字1句に目を通して、細かい間違いまで訂正してチェックいただいた。ことにうっかりして目を落としがちなTPP協定の条文の解釈にも、厳しい指摘をいただいて、なるほどと思って何度か書き直した。さすがに訴訟社会米国の弁護士だ。

頭が下がる思いだった。

こうして、6300ページに及ぶTPP協定文、本文、附属文書、加盟国間の交換文書、政府はそのうち188頁しか翻訳していないが、その全貌にわたって、私なりの解釈でその概要及び解説を書き上げることができた。

この時期に皆さんの協力で、ＴＰＰ協定文の内容として世に出しても、そう恥ずかしくないものができたような気がする。

しかし、コメのミニマムアクセス枠に関して、米国の文書によって初めて日本政府の密約が明らかになったように、ＴＰＰ協定には4年間の秘密保持義務が課せられてあって、他にも日本政府が米国などとどのような密約を交わしているかについては分らないことを、私達は肝に銘じておかなければならない。

一刻も早く、少しでも多くの主権者である国民にこの恐ろしいＴＰＰ協定の内容を知らせたい。サイゾー出版のオーナーである苫米地英人氏に無理を頼んで出版にこぎつけることができた。

皆さんに感謝。


そぼふる雨が静かに降り続いている。

3年前に前著『ＴＰＰ秘密交渉の正体』（竹書房）を出版して、五島列島の当時１０９歳の母に渡したら、読書好きな母はにっこり笑って喜んでくれた。

今は、母も亡くなっていない。

［参考文献］

TPPテキスト分析チーム作成
『TPP協定の全体像と問題点—市民団体による分析報告—Ver.4』から表グラフを転載させていただきました。

【章扉後ろのイラスト】

山田正彦監修・アーシャ・プロジェクト編『5分でわかる！ TPP』（ミツイパブリッシング、2015）より転載させていただきました。
第８章は描き下ろし。

［Special Thanks］

【TPPテキスト分析チーム】（順不同）
山田正彦（元農林水産大臣、TPP交渉差止・違憲訴訟の会幹事長）
内田聖子（アジア太平洋資料センター事務局長）
近藤康男（TPPに反対する人々の運動）
和田聖仁（TPP交渉差止・違憲訴訟の会副代表、弁護士）
山浦康明（TPPに反対する人々の運動、明治大学）
東山　寛（北海道大学准教授）
岡崎衆史（農民連国際部副部長）
坂口正明（全国食健連事務局長）
寺尾正之（全国保険医団体連合会）
布施恵輔（全労連国際局）
三雲崇正（TPP交渉差止・違憲訴訟の会、弁護士）
相沢幸悦（埼玉学園大学経済経営学部教授）
岡田知弘（京都大学経済学研究科教授）
吉田敬一（駒沢大学経済学部現代応用経済学科教授）
川上豊幸（AMネット理事）
橋本光陽（全国保険医団体連合会事務局次長）他

※参考文献『TPP協定の全体像と問題点』は
　以下のURLからダウンロードできます。
http://www.parc-jp.org/teigen/2016/tpptext201601.html

［著者紹介］

山田正彦（やまだ・まさひこ）

元農林水産大臣、弁護士。日本ペンクラブ会員。1942年4月8日長崎県五島市生まれ。早稲田大学法学部卒業後、新聞記者を志すが、結核だったことが発覚して断念。司法試験に挑戦し、1969年に合格するも法曹の道には進まず、故郷の五島に戻って牧場を開き、牛400頭を飼育、豚8000頭を出荷するようになる。その後、オイルショックによって牧場経営を断念、弁護士に専念し、主にサラ金問題に取り組む。四度目の挑戦で衆議院議員に当選。2010年6月、農林水産大臣に就任。現在、TPP批准阻止のため、精力的に活動中。

［TPP11］対応 増補版

アメリカも批准できない
TPP協定の内容は、こうだった！

2016年8月28日　初版第1刷発行
2018年3月26日　初版第4刷発行
2018年5月22日　第2版第1刷発行
2021年3月 6日　第2版第2刷発行

著　　者　山田正彦
発 行 人　揖斐 憲
編　　集　中村カタブツ君
装　　丁　坂本龍司（cyzo inc.）
D T P　inkarocks

発 行 所　株式会社サイゾー
〒150-0043 東京都渋谷区道玄坂1-19-2-3F
電話 03-5784-0790（代表）

印刷・製本　株式会社シナノパブリッシングプレス

ISBN978-4-86625-064-9